GERAINT Y CYMRO

A'R TOUR DE FRANCE

LLION IWAN

Hoffwn ddiolch yn fawr am ganiatâd caredig yr ASO i gyhoeddi map Le Tour 2018, ac i Cédric Rampelberg am bob cymorth. Diolch i sylwebwyr *Seiclo* – oni bai am eu cyfraniad nhw fyddai'r llyfr ddim wedi bod yn bosib. Mae eu profiadau a'u hatgofion yn cyfoethogi'r gyfrol.

Diolch i Lefi, Meinir ac Alan yng ngwasg y Lolfa ac i'r Cyngor Llyfrau am eu cefnogaeth.

Argraffiad cyntaf: 2018

© Hawlfraint Llion Iwan a'r Lolfa Cyf., 2018

Mae hawlfraint ar gynnwys y llyfr hwn ac mae'n anghyfreithlon llungopïo neu atgynhyrchu unrhyw ran ohono trwy unrhyw ddull ac at unrhyw bwrpas (ar wahân i adolygu) heb gytundeb ysgrifenedig y cyhoeddwyr ymlaen llaw

Cynllun y clawr: Y Lolfa

Rhif Llyfr Rhyngwladol: 978 1 78461 666 3

Dymuna'r cyhoeddwyr gydnabod cymorth ariannol
Cyngor Llyfrau Cymru

Cyhoeddwyd ac argraffwyd yng Nghymru
ar bapur o goedwigoedd cynaliadwy gan
Y Lolfa Cyf., Talybont, Ceredigion SY24 5HE
e-bost ylolfa@ylolfa.com
gwefan www.ylolfa.com
ffôn 01970 832 304
ffacs 01970 832 782

Rhagair gan Llion Iwan

Er mai machlud roedd yr haul ar y Champs-Élysées ar Sul olaf Gorffennaf 2018, gwawrio roedd cyfnod Geraint Thomas ar lefel uchaf y byd seiclo. Trwy ennill ras fwyaf eiconig y byd roedd wedi sicrhau ei le ymysg mawrion y gamp. Ond roedd yr hyn a gynlluniodd ac a wnaeth wrth gamu ar y podiwm yn weithred yr un mor arwyddocaol. Fe gariodd faner y Ddraig Goch dan ei gesail a'i gosod ar y llawr yn ofalus i fedru derbyn y tlws, ac yna fe gododd y faner uwch ei ben, gyda'r Champs-Élysées y tu ôl iddo a degau o filiynau o bobl o amgylch y byd yn ei wylio. Dyma'r gamp sy'n denu'r gynulleidfa fwyaf ym myd chwaraeon, a sicrhaodd Geraint fod pawb yn gwybod mai Cymro oedd wedi ennill. Golyga rheolau'r gamp, fel ym myd athletau yn y Gemau Olympaidd, fod Cymru yn gorfod dod o dan enw Prydain wrth gystadlu ar lefel ryngwladol. A dyna pam nad oes neb arall wedi teimlo bod yn rhaid cario'r faner ar y podiwm yn y Tour de France.

Ymunais â'r Cymry ym Mharis ar Sul olaf y ras, ac

roedd y wefr o fod ar y Champs-Élysées yn gwrando ar y sylwebydd ar yr uchelseinydd yn dweud, "... et le Gallois, Geraint Thomas..." ac yna ei weld yn y melyn yn codi'r Ddraig Goch yn un o'r profiadau yna sydd wedi'u llosgi ar fy nghof. Munudau o hanes, a Chymro, a baner ei wlad i'w gweld dros y byd.

Roedd sefyll ar y podiwm euraidd yn benllanw sawl taith – taith Geraint fel seiclwr proffesiynol o drac y Maendy yng Nghaerdydd, y daith drwy Ffrainc dros y tair wythnos flaenorol, a'r daith arall i sicrhau darlledu o'r Tour yn fyw yn y Gymraeg.

Fel un sydd wedi bod yn seiclo ers pan oeddwn yn blentyn ac yn dilyn y gamp ers y 1990au, daeth cyfle yn 2013 i drafod hawliau darlledu. Roedd Cédric Rampelberg, cynrychiolydd deiliaid hawliau'r ras, mewn cynhadledd ym Monaco. Yr haf hwnnw roedd Geraint, gyda dwy fedal aur Olympaidd yn ei gwpwrdd yn barod, wedi bod yn rhan o dîm buddugol Sky yn y Tour de France. A chwblhaodd y daith gyda chrac yn ei belfis ar ôl cael damwain. Roedd y boen mor wael fel bod rhaid ei garia ar ei feic yn y boreau. Profodd fod gwytnwch anhygoel ganddo, a gyda sgiliau a disgyblaeth y trac hefyd, roedd yn dalent, ac yn un a allai ennill y Tour. Dyna oedd y freuddwyd fawr, a'r ail freuddwyd oedd ein bod yn darlledu yn y Gymraeg.

Y cynnig a roddais i Cédric oedd ein bod am fod ymhlith y sianeli a fyddai'n darlledu'r ras yn fyw pan fyddai'r Cymro cyntaf yn ennill. Gwenodd ac ateb ei fod yn gobeithio y byddai hynny ar ôl i Ffrancwr ennill eto, gan fod deng mlynedd ar hugain ers hynny bellach. Ond dyna gychwyn trafodaeth a barhaodd am wythnosau, gan arwain at sicrhau'r hawliau o 2014 ymlaen. Felly, 2018 oedd y bumed flwyddyn o ddarlledu byw ar S4C, gan arddangos Ffrainc yn ei gogoniant, a Geraint hefyd, ac yntau'n cystadlu yn ddiweddarach yng nghwmni ei gyd-Gymro, Luke Rowe.

Flwyddyn yn ddiweddarach cwrddais â Geraint, ac er ceisio trafod pêl-droed a'i hoff glybiau, Caerdydd ac Arsenal, fedrwn i ddim osgoi gofyn iddo am seiclo, ac yn benodol am y Tour. Dywedodd fod ennill y ras yn uchelgais, a bod yn rhaid iddo golli pwysau a dysgu bod yn fwy hunanol yn y *peloton*. Gwaith caled oedd gwireddu rhan gyntaf ei gynllun, ond profodd trwy ei yrfa fod hynny'n dod yn naturiol iddo.

Ond nid oedd yr ail ran yn dod yn naturiol i'r

Cymro a fyddai bob amser yn ymladd dros ei dîm hyd at yr eiliad olaf. Cyfeiria Mark Cavendish at hyn yn ei hunangofiant. Yn ras Pencampwriaeth y Byd yn 2011, Mark oedd i fod i fynd am y llinell ond dywedodd fod Geraint o'i flaen a bod y llwybr wedi agor iddo i'r llinell derfyn. Byddai'r rhan fwyaf o seiclwyr wedi bachu ar y cyfle i fod yn bencampwr byd, ond nid Geraint, meddai. Tynnodd i'r ochr i wneud lle i Mark. Ond dros y blynyddoedd nesaf fe ddysgodd Geraint fanteision bod yn fwy hunanol, cyn belled â bod y tîm yn caniatáu i chi wneud hynny.

Yn 2018 daeth ei gyfle drwy Dave Brailsford, y gŵr a fagwyd yn Neiniolen, un o gyfoedion Malcolm Allen yn y pentref hwnnw. Gyda Chris Froome wedi ennill tri Grand Tour yn olynol o fewn deg mis, roedd yn ddoeth i dîm Sky gael ail arweinydd yn barod am y ras yn 2018. Ac roedd Geraint yn barod. Dewisodd ei rasys yn ofalus yn 2018, a dod yn agos at gipio buddugoliaeth yn y Tirreno Adriatico, ond cafodd bynctsiar, oedd yn golygu na ddigwyddodd hynny. Yna, yn y ras fawr sydd yn rhagflaenu'r Tour, y Critérium du Dauphiné, Geraint enillodd – buddugoliaeth fwyaf ei yrfa hyd hynny.

A gosododd hynny'r llwyfan iddo fynd am grys melyn eiconig Le Tour de France. Dyma hanes y tair wythnos hanesyddol a orffennodd ar y podiwm ym Mharis.

Cymal I

7 Gorffennaf
Noirmoutier-en-L'Île i Fontenay-le-Comte,
Vendée
201km

Ar drac seiclo awyr agored y Maendy, yng ngogledd-
ddwyrain Caerdydd y dechreuodd Geraint ar ei yrfa
fel seiclwr. Yno y gwelodd y sylwebydd chwaraeon
Wyn Gruffydd ef yn rasio am y tro cyntaf, wrth fynd
â'i fab i seiclo:

"Roedd y beic rasio'n rhy fawr iddo, ond roedd yn
seiclwr cryf. Ac o'r cychwyn roedd i'w weld yn hyderus
ac yn hapus ynddo'i hun. Roedd talent ganddo, ac
felly mi fyddai'n cystadlu yn y categori oed uwch, er
ei fod yn llai o ran maint. Falle nad oedd yn ennill
pob ras, ond roedd yn magu profiad. A gadawodd ei
rieni i glwb y Maendy ei ddatblygu yn y blynyddoedd
cynnar hynny. Roedd yn gymeriad penderfynol, ac fe
oroesodd sawl damwain gas, fel yr un yn Awstralia

yn 2005 pan gollodd ei *spleen* a threulio cyfnod mewn uned gofal dwys. Ond yn ôl y daeth bob tro i rasio, a hynny heb golli dewrder. Ac roedd y Tour cyntaf yn 2007 gyda thîm Barloworld o Dde Affrica yn arwyddocaol hefyd. Gorffennodd y ras yn olaf ond un, ond fe wnaeth orffen y ras. Cymeriad penderfynol iawn."

Treuliodd Geraint Thomas ei yrfa yn paratoi ar gyfer ei fuddugoliaeth yn Le Tour de France 2018. Profodd droeon fod y talent ganddo.

"Ar hyd y blynyddoedd roedd rhywun yn gobeithio y bydde fe'n llwyddo," meddai Wyn Gruffydd, "a bod y siom a brofodd mewn sawl ras heb ei ddal 'nôl, a'i fod wedi goroesi'r rhain."

Aeth Geraint ymlaen i ennill dwy fedal aur Olympaidd ar y trac, yn Beijing yn 2008 a Llundain yn 2012, yn ogystal ag aur yn y ras ar y ffordd yng Ngemau'r Gymanwlad yn Glasgow yn 2014, pan ddathlodd trwy bwyntio at y gair 'Cymru' ar ei grys. Trwy flynyddoedd cynnar ei yrfa symudodd Geraint yn ôl ac ymlaen o rasio ar y trac i rasio ar y ffordd. Dyma ddwy grefft seiclo wahanol iawn ac yn golygu bod yn rhaid colli pwysau ac addasu i seiclo dyddiau hir am wythnosau lawer yn hytrach na munudau dwys ar drac dan do. Roedd ei grefft a'i gryfder yn golygu ei fod yn un o'r seiclwyr gorau ym maes y Clasuron – rasys undydd hir dros dirwedd amrywiol yng ngogledd Ewrop.

Fe wnaeth Geraint ddatblygu'n gyflym a dechreuodd ennill rasys ar y ffordd o bwys, yr E3 Harelbeck (un o'r rasys undydd mawr pan gurodd bencampwr y byd 2015–17, Peter Sagan) ac yna ras Paris i Nice yn 2017. Aeth ymlaen i ennill ras yr Alpau yr haf yna hefyd, y ddwy yma yn rasys wythnos o hyd. Yna, ym mis Mehefin 2018, daeth ei fuddugoliaeth fwyaf, ac ar drothwy'r Tour roedd yr amseriad yn arwyddocaol dros ben, pan enillodd ras wythnos arall, y Critérium de Dauphiné. Yn draddodiadol mae enillydd y ras hon yn mynd ymlaen i gipio'r Tour.

Wythnos yn ddiweddarach cipiodd Geraint bencampwriaeth Prydain yn y ras yn erbyn y cloc, a hynny am y tro cyntaf. Roedd mantais o 37 eiliad ganddo dros y seiclwr oedd yn ail. Aeth Rhodri Gomer, sydd wedi bod yn cyflwyno rhaglenni ar seiclo ar gyfer S4C ers 2014, i weld Geraint yn Newcastle wedi'r ras:

"Mi es i'w gyfweld ar gyfer rhagflas y rhaglen *Seiclo*, ac rydyn ni wedi bod yn ei ffilmio cyn y Tour ers 2014. Mae Geraint bob amser yn dawel a hyderus, ond eleni roedd rhywbeth gwahanol amdano, yn y ffordd roedd yn siarad. Roedd ei wyneb i'w weld yn deneuach, ac roedd yn amlwg yn ysgafnach. Ond o siarad ag e, roedd hyder tawel ganddo. Siaradodd e ddim o gwbl am Froome, ac roedd yn cyfeirio ato'i hun fel cyd-arweinydd tîm Sky. Roedd yn gwenu wedi'r cyfweliad ac rwy'n cofio dweud wrth y criw ffilmio yn syth wedyn fy mod i'n credu y gallai ennill y Tour eleni. Ond roedd hynny yn deillio o'r holl ffordd roedd yn siarad ac yn ymddwyn."

Treuliodd Gareth Rhys Owen bob milltir o lwybr y Tour de France yn 2018 fel rhan o dîm sylwebu BBC Radio 5 Live.

"Un elfen o gael dilyn y Tour cyfan yw dod i adnabod a gwerthfawrogi'r amrywiaeth enfawr sydd yn naearyddiaeth Ffrainc," meddai Gareth. "O dirwedd arfordirol y Vendée i'r ardaloedd diwydiannol glo a haearn ger Gwlad Belg yn y gogledd-ddwyrain, i'r Alpau a mynyddoedd y Central Massif.

"Dwi'n credu mai bwriad Geraint ar gyfer 2018

yn wreiddiol oedd rasio'r Giro fel yn 2017, ond gyda buddugoliaeth Froome yn ras Vuelta Sbaen ym mis Medi 2017, ac yn cael cynnig arian mawr i seiclo yn Giro 2018, bu'n rhaid i Geraint newid i'r Tour. Ond roedd yn medru paratoi ei dymor cyfan ar gyfer y Tour, a gyda'r holl sylw ar Froome fe wnaeth pawb dalu llai o sylw i Geraint.

"Bum yn Ffrainc yn 2011 yn dilyn y Tour ac roedd nifer fawr wedi anghofio bod Geraint wedi dod o fewn wyth eiliad y flwyddyn honno i wisgo'r crys melyn."

Ar ddydd Sadwrn, Gorffennaf y 7fed, roedd y Cymro o'r Eglwys Newydd ymysg y 176 o seiclwyr ar linell gychwyn ras fwyaf y byd yn Noirmoutier-en-L'Île, yng ngorllewin Ffrainc. Hon fyddai ei nawfed Tour, ac yn 32 mlwydd oed ni fyddai llawer o gyfleon eto iddo ennill y crys melyn, y *maillot jaune* chwedlonol. Roedd wedi gwisgo hwnnw am bedwar cymal yn 2017 yn dilyn buddugoliaeth yn y ras yn erbyn y cloc ar y diwrnod agoriadol. Ond ei freuddwyd yw gorffen y ras mewn melyn, nid ei chychwyn.

Mae'r arwyddion yn dda. Cychwynna Geraint y ras yn pwyso 67.6kg (10 stôn 9 pwys) ac o gofio ei fod yn

6 throedfedd 1 fodfedd, mae hynny'n dipyn o gamp. Dyma'r ysgafnaf iddo fod yn ei yrfa rasio.

"Roedd yn drawiadol deneuach nag erioed o'r blaen," atega Wyn Gruffydd, oedd yn sylwebu ar y cymal ar gyfer rhaglen *Seiclo* S4C.

Ond Chris Froome yw arweinydd tîm Sky, a Geraint ydi'r arweinydd wrth gefn. Ar y llaw arall mae Froome wedi ennill y tri Grand Tour diwethaf mewn cyfnod o ddeg mis, gan gynnwys y Giro d'Italia ym mis Mai. Daeth Tom Dumoulin, enillydd y Giro yn 2017 a phencampwr y byd yn y ras yn erbyn y cloc, yn ail yn honno. Pa effaith fydd y rasio caled yna wedi'i gael arnyn nhw? Er mai'r gwibiwr ifanc o Golombia, Fernando Gaviria, sydd yn cipio'r cymal a'r crys melyn a'r penawdau, mae'r digwyddiadau arwyddocaol i gyd y tu ôl iddo.

"Aeth bron pob un o'r enwau mawr i lawr a disgyn yn y cymal cyntaf yn rhanbarth y Vendée, ond roedd Geraint yn rheng flaen y *peloton*, yn edrych ar ôl ei hun,' meddai Rhodri Gomer, oedd yn Ffrainc ar gyfer y cymalau cyntaf. Mae'n gyffredin i fyd seiclo ddefnyddio enwau a thermau Ffrengig, a *peloton* yw'r gair am griw mawr o seiclwyr gyda'i gilydd.

"Falle fod elfen o lwc ar y cymal yma, ond dengys hefyd ei grefft a phrofiad o rasio Clasuron trwy ofalu ei fod yn agos i flaen y *peloton* i fedru osgoi damweiniau, sydd mor gyffredin. Roedd hwn yn gymal ac yn daith berffaith gan Geraint, ac fe wnaeth e rasio'n ddoeth."

Roedd Froome wedi disgyn dros ei feic i gae gwair a cholli 51 eiliad yn y cilometrau olaf, ac roedd ffefrynnau eraill megis Richie Porte ac Adam Yates hefyd wedi colli amser. Byddai'r colledion cynnar hyn yn dod yn arwyddocaol iawn yn y dyddiau canlynol. Cafodd Quintana sawl problem gyda'i feic a cholli amser hefyd. Gorffennodd Geraint y cymal yn 14eg, yn ddiogel a heb ddisgyn. Meddai Wyn Gruffydd:

"Roedd inc y sgriblwyr gwybodus wedi braidd sychu cyn i ni gael drama ar y cymal cyntaf un, a'r tri ohonon ni yn y blwch sylwebu – Dewi Owen, yr ystadegydd, Rheinallt ap Gwynedd, ail lais ers 2014, a finne – yn edrych ar ein gilydd. Roedd y *peloton* wedi hollti ac yna roedd ras wyllt i gau'r bwlch. Roedd Froome yn cael ei wasgu mas – neu ddim yn canolbwyntio – ar gornel, bum cilometr o ddiwedd y cymal, ac erbyn iddo ddringo'n ôl i'r cyfrwy roedd e bron i funud i lawr.

"Roedd Sky yn cysuro'u hunain fod Richie Porte hefyd, fel Froome, 51 eiliad ar ei hôl hi, a Nairo Quintana, ffefryn arall, 1 funud 15 eiliad i lawr. Mae Froome wastad wedi edrych yn lletchwith ar gefn beic, yn sgil treulio ei flynyddoedd cynnar ar dir garw (a ffyrdd gwag) Kenya yn hytrach na thraciau seiclo. Mae hynny'n help pan mae rhywun yn ceisio ei adnabod o'r lluniau sy'n cael eu tynnu o'r awyr gan hofrennydd. Gorffennodd Geraint gyda'r ceffylau blaen."

"Mae paratoi i holi'r seiclwyr ar ddiwedd pob cymal yn anodd iawn," meddai Gareth Rhys Owen. "Yr unig rai sydd yn gorfod gwneud cyfweliad yw'r rhai sydd yn gwisgo'r crysau melyn, neu wyn ac ati. Mae'r seiclwr sydd ar frig pob categori yn gwisgo crys gwahanol – melyn i'r arweinydd, gwyn i'r seiclwr ieuengaf, gwyrdd am y nifer uchaf o bwyntiau a chrys polca dot coch i'r seiclwr sy'n arwain yn y mynyddoedd. Ond mae rhyddid gyda ni i holi unrhyw un, os ydyn nhw'n cytuno i wneud hynny wrth gwrs.

"Ar ddiwedd y cymal cyntaf roeddwn i ar y llinell derfyn mewn haul llachar yn gweld dim ar y sgriniau teledu. Hwn oedd y cymal i Froome a Quintana gael damweiniau. Cyrhaeddodd y seiclwyr, a nifer ohonynt yn edrych fel petaen nhw wedi bod yn ymladd mewn brwydr, yn waed ac yn faw drostynt a'u dillad wedi'u rhwygo mewn ambell le. Roedd Luke Rowe a Marcel Kittel yn cael ffrae fawr oherwydd y ddamwain oedd wedi digwydd i Froome wrth i seiclwr arall golli rheolaeth. Fe wnaeth hwnnw ymddiheuro i Froome. Ond tra oedd hyn i gyd yn digwydd roedd Geraint hefyd wedi gorffen ond yn edrych mor gyfforddus ac yn amlwg wedi ymlacio'n llwyr. A dyma'r patrwm oedd i ddilyn am y tridiau cyntaf."

Roedd un elfen arall am y Tour yn 2018. Roedd Dave Brailsford wedi cytuno y byddai Geraint yn cael statws cyd-arweinydd am yr wythnos agoriadol, hyd at y diwrnod gorffwys cyntaf. Golygai hyn na fyddai'n rhaid i Geraint weithio dros Froome, ac y gallai ddibynnu ar aelodau'r tîm i'w helpu os byddai angen. Gyda mantais gynnar ganddo dros ei gyd-arweinydd, roedd Geraint yn gosod ei hun mewn safle diddorol, a dweud y lleiaf.

Roedd siâp y ras yn dechrau ffurfio.

Cymal 2

8 Gorffennaf
Mouilleron-Saint-Germain i La Roche-Sur-Yon
182.5km

Dyma'r tro cyntaf i'r Tour ymweld â'r dref hon sydd yn dechrau cymal heddiw. Cymal arall i'r gwibwyr ymysg y *peloton* oedd hwn, ac roedd y crys melyn yn cael ei wisgo dros nos gan Peter Sagan, a oedd wedi ennill ei drydedd bencampwriaeth y byd o'r bron yn 2017. Fe enillodd y cymal ar ôl i Fernando Gaviria gael damwain yn y rhan olaf. Byddai'r frwydr bersonol rhwng y ddau yn datblygu'n ffyrnig dros y dyddiau nesaf. Ond, unwaith eto, roedd digwyddiad arwyddocaol yn y frwydr am arweinyddiaeth y ras yn ystod y cymal, sef yr un olygfa fer iawn yn ystod y ras, pan wibiodd y seiclwr o Gaerdydd i gipio bonws o un eiliad, ac a agorodd lygaid llawer i'w wir botensial yn 2018. Ni thalodd y rhan fwyaf fawr o sylw gan mor fychan yng nghyd-destun y ras gyfan yw eiliad o fantais yn y cymalau cyntaf.

"Rown i'n gweld Geraint yn cryfhau bob blwyddyn, yn enwedig yn y mynyddoedd," meddai Peredur ap Gwynedd, aelod o dîm sylwebu *Seiclo* S4C oedd yn Ffrainc am y cymalau cyntaf ac olaf yn 2018. Bu'n sylwebu ar y Tour ers 2014. "Yn raddol rown i'n ei weld yn aeddfedu ac yn datblygu'n ddringwr. A phan ychwanegodd hynny at y gallu i rasio yn erbyn y cloc a'i grefft rasio trac roedd yn naturiol y byddai'n sefydlu ei hun yn un o brif aelodau tîm Sky.

"Pan welais i e yn rhanbarth y Vendée yn Ffrainc am y tro cyntaf eleni roedd yn edrych yn gryfach, er ei fod e'n deneuach nag arfer. A beth wnaeth fy nharo hefyd oedd yr hyder, y *swagger* oedd o'i gwmpas, er mai cyd-arweinydd tîm Sky oedd e, wrth gwrs. Ond yn sicr roedd rhywbeth wedi newid, yn ei agwedd a'i hyder."

Ar bob cymal roedd eiliadau bonws ar gael. Dyma nodwedd gymharol newydd i'r Tour, pan fydd rhan o'r cwrs yn cael ei nodi yn gyfle i'r tri cyntaf ei gyrraedd gael tair, dwy ac un eiliad bonws. Dangosodd Geraint ei fod yn gryf ac yn siarp wrth gipio eiliad bonws yn ystod yr ail gymal.

"Doedd dim wir angen i Geraint, fel un o'r

ffefrynnau, fod yn ceisio cipio eiliadau fel hyn – dyw'r arweinwyr, fel arfer, ddim yn trafferthu. Rhaid bod yn y lle iawn a chadw golwg ar bawb arall cyn gwibio amdani. Ond trwy wneud hyn fe ddangosodd rhywbeth i'w dîm, ac i weddill y *peloton*," meddai Peredur. "Dyna pryd y credais i o ddifri am y tro cyntaf fod rhywbeth ar droed, fod yna newid mawr wedi digwydd, bron heb i neb sylwi. Gwibwyr fyddai fel arfer yn mynd am yr eiliadau bonws, ond Geraint ddangosodd ei fod e'n barod i gymeryd popeth fedrai. Dyna'r newid agwedd oedd i'w weld yn glir ar y ffordd ganddo.

"Roedd y bonws bychan yna a'r nesaf, yn ogystal â damwain Froome, yn golygu nawr mai fe oedd arweinydd tîm Sky i bob pwrpas ar y ffordd. Ar ôl yr ail gymal roedd y Cymro yn seithfed."

Profiad Geraint y rasiwr trac oedd yn dod i'r amlwg fan hyn, a byddai hefyd yn fanteisiol iawn iddo ar gymal mwyaf eiconig y ras yn ystod yr ail wythnos.

"Tan eleni roeddwn i'n meddwl y dylai Geraint fod wedi canolbwyntio ar yrfa yn rasys y Clasuron," medd Dewi Owen, ystadegydd tîm sylwebu *Seiclo* S4C. Bu'n dilyn y Tour ers pan oedd yn blentyn. Cynhelir y Clasuron yn y gwanwyn gan ddenu torfeydd yn eu degau o filoedd ar hyd y llwybrau yng ngogledd Ffrainc a Gwlad Belg. Mae'r llwybrau cul sydd yn garegog mewn mannau yn heriol ac yn beryglus iawn. Fel arfer mae'r tywydd yn her arall, a dim rhyfedd felly fod un o'r enwocaf, ras Paris–Roubaix, yn cael ei galw yn Uffern y Gogledd. Gan fod y rhain yn cael eu cynnal yn ystod misoedd Mawrth ac Ebrill mae'r tywydd yn aml yn aeafol a chaled. Gyda'r llwybrau cerrig yn fôr o lwch neu fwd, mae fel ceisio seiclo ar rew.

"Roedd y sgiliau a'r nerth corfforol, y gwytnwch ganddo i fod yn rasiwr Clasuron effeithlon a dwi'n siŵr y bydde fe wedi ennill y rasys mwyaf o'r rheiny erbyn heddiw petai wedi canolbwyntio arnyn nhw," ydi barn Dewi, a wyliodd bob cymal o'r Tour yn 2018 a sylwebu ar sawl un. "Fe enillodd Geraint ras ieuenctid Paris–Roubaix pan oedd e'n dal yn Ysgol yr Eglwys Newydd. Ond petai wedi aros fel seiclwr yn y Clasuron yn unig, fyddai neb y tu hwnt i gylch seiclwyr a chefnogwyr brwd y gamp erioed wedi clywed amdano.

"Pan oeddwn i a 'mrawd Gareth yn ifanc, y freuddwyd i bawb sydd yn rasio ar feic yw ennill crys melyn y Tour de France, a dyna oedd Geraint yn anelu amdano. Ac eleni fe gyfunodd y ffactorau am y tro cyntaf i roddi'r cyfle gorau posib iddo wireddu hynny. A hynny'n dal oddi fewn i dîm Sky, sef y tîm cryfaf o bell ffordd yn y ras i gyd," ychwanega Dewi. "Mae'r ffaith ei fod yn aelod o dîm cryf yn golygu ei fod, fel yr arweinydd, yn medru cysgodi o'r gwynt y tu ôl i aelodau ei dîm. Maen nhw yno i'w helpu ym mhob ffordd, ac i nôl bwyd a diod iddo, a hefyd yn erlid unrhyw un sydd yn ceisio torri yn rhydd o'r *peloton*."

Tom Dumoulin, y gŵr ifanc o'r Iseldiroedd ac aelod o dîm Sunweb, ddaeth yn ail yn Giro 2018, a doedd dim syndod mai'r gŵr 28 oed yma oedd un o'r ffefrynnau mawr ar gyfer y Tour.

"Mae Tom Dumoulin yn seiclwr arbennig," meddai Dewi eto, "ac mae'n hynod o gryf ym mhob agwedd, yn enwedig yn erbyn y cloc. Ond roedd e i bob pwrpas yn rasio ar ei ben ei hun. Doedd yr un aelod o'i dîm gydag e ar rannau olaf y cymalau anoddaf."

Roedd nifer o ffactorau wedi bod o blaid Geraint ar gyfer Tour 2018. Yn ogystal â bod Chris Froome wedi rasio, ac ennill y Giro d'Italia, cafodd Geraint deilwra ei rasys ar gyfer paratoi yn llwyr ar gyfer y

Tour gan dîm Sky.

"Roedd y cipio eiliadau yna, er mor fychan oedden nhw, yn arwyddocaol ac yn dechrau ar y dacteg o dorri calonnau'r enwau mawr eraill yn y ras, " cytuna Wyn Gruffydd. "Roedd Geraint yn edrych yn gwbwl jacôs a siarp ar y ffordd i La Roche-Sur-Yon; yn gweld cyfle i ennill eiliad bonws ar wib ganolig sy'n ei godi i blith y deg uchaf yn y dosbarthiad cyffredinol. Dwi ddim yn gwybod, ond…"

Ar ddiwedd yr ail gymal felly roedd Geraint wedi cadw'n glir o bob damwain a thrwy naddu ambell eiliad yma ac acw roedd wedi sefydlu ei hun fel yr aelod o Sky oedd ar y blaen i bob un arall, gan gynnwys Froome. Gyda'r ras yn erbyn y cloc drannoeth roedd yn edrych yn addawol y byddai'r Cymro yn ailafael yn y crys melyn a wisgodd yn sgil y cymal cyntaf yn 2017 yn yr Almaen.

Cymal 3

9 Gorffennaf
Cholet, Vendée
35.5km

Dyma gwrs technegol tu hwnt dros 35.5 cilometr yn unig, gyda dringfa serth ar ôl 20 cilometr i dynnu ar y coesau. Roedd hi'n heulwen braf ac awel ysgafn i groesawu'r timau. Tîm Mitchelton-Scott oedd y cyntaf ar yr hewl ac yn gosod y safon.

Roedd disgwyl i dîm Sky fachu'r fuddugoliaeth hon ar gwrs oedd i'r gorllewin o Cholet, gan fod record dda ganddyn nhw yn y ras yn erbyn y cloc i'r tîm. Dyma'r ddisgyblaeth pan mae'r tîm cyfan yn cychwyn ond dim ond y pedwar seiclwr cyntaf sydd yn cyfri o ran yr amser. Gan nad yw'r rhan fwyaf o dimau yn draddodiadol wedi treulio llawer o amser yn perffeithio'r grefft, mae cyfle i greu bwlch da o ran amser mewn cymalau o'r fath. A gyda chryfder Froome, Michael Kwiatowski a Geraint mewn rasys yn erbyn y cloc, mae ei gefnogwyr yn gobeithio y bydd y Cymro yn gwisgo'r crys melyn ar ddiwedd y cymal.

Ond yn y cyfarfod tîm, lai nag awr cyn cychwyn y cymal, cafodd Geraint ei synnu, a'i siomi. Yn ei lyfr am y ras, datgelodd Geraint am y tro cyntaf fod rheolwyr tîm Sky wedi dweud na ddylai neb aros na helpu unrhyw un fyddai'n cael pynctsiar neu broblem dechnegol, unrhyw un heblaw Froome. Fe wnaeth y capten ar y ffordd, Luke Rowe, ddadlau yn erbyn hyn. Ond ni lwyddoddd ei apêl. Felly, pe byddai Geraint yn cael unrhyw broblem, byddai'r tîm yn ei adael a byddai'n colli amser, er ei fod, am yr wythnos gyntaf o leiaf, i fod yn gyd-arweinydd.

Nid dyna oedd cyfarwyddwr y tîm, Nicolas Portal, wedi trafod gyda Geraint y noson gynt. Gellid dadlau nad oedd hyn yn gwneud synnwyr gan y byddai Geraint, fel un o'r seiclwyr cryfaf, a mwyaf profiadol, yn medru adennill llawer o amser. Ond, yn amlwg, bu sgwrs arall wedyn yn ystod yr oriau mân, ac fe gafodd y cynllun ei newid. Dywed lawer am broffesiynoldeb a theyrngarwch Geraint na ddatgelodd ddim am hyn yn ystod y ras. Ffactorau fyddai'n cyfri o'i blaid yn y tymor hir.

Ond tîm BMC, yn cymryd rhan yn eu Tour olaf yn sgil marwolaeth eu prif noddwr, y gŵr busnes o'r Swistir, Andy Rihs, sydd yn fuddugol o bedair eiliad. Dan nawdd Rihs datblygodd BMC i fod yn un o'r timau, os nad y tîm cryfaf, yn erbyn y cloc. Eleni, eu harweinydd yw cyn-aelod o dîm Sky, yr Awstraliad Richie Porte. Ond roedd e eisoes wedi dioddef damwain ar y cymal cyntaf. Felly eu harbenigwr ar rasys undydd, y Belgiad Greg Van Avermaet sydd yn y melyn dros nos. Ond, yn dawel bach, mae Geraint wedi codi yn drydydd, dair eiliad y tu ôl i'r crys melyn. Er bod siom gan gefnogwyr o Gymru, roedd eraill yn sylweddoli bod mantais fawr i hyn wrth ystyried pwysau taith tair wythnos. Yn gyntaf amcangyfrifir fod dyletswyddau cyfweliadau i'r cyfryngau a'r seremonïau diwedd y cymal yn cymryd tuag awr a hanner. Dyna awr a hanner, efallai gymaint â dwy awr, yn llai o amser i orffwys, bwyta, ymlacio a pharatoi ar gyfer y diwrnod nesaf. Byddai Van Avermaet yn y melyn am wyth diwrnod. Er, yn naturiol, roedd Geraint yn siomedig wrth edrych yn ôl ar y cymal.

"Mae'n biti na wnaethon ni ennill," meddai Geraint, "ond roedd yn gymal hynod o dechnegol gyda'r gwynt yn newid cyfeiriad a'r cwrs yn troelli gyda nifer o elltydd bychain. Mi wnaethon ni seiclo'n dda fel tîm, ond mae bob tro'n siomedig i beidio ennill, a ninnau mor agos."

Eto, unwaith roedd y siom wedi pylu, ac wrth edrych yn wrthrychol, fe fyddai Geraint yn fwy na hapus i ildio'r cyfrifoldebau a'r amser gyda dyletswyddau enillydd. Gwisgo'r crys ar y Sul olaf oedd y nod, ac roedd wedi hen ddysgu erbyn hyn fod yn rhaid bod yn amyneddgar, a defnyddio synnwyr cyffredin. Ond wrth edrych ar y ras o ran y ffefrynnau, roedd yn gymal da i Geraint. Collodd Nairo Quintana ac Adam Yates fwy o amser, yn ogystal â Tom Dumoulin. Roedd Richie Porte 51 eiliad y tu ôl i Geraint erbyn hyn tra oedd y bwlch rhyngddo a Chris Froome yn 55 eiliad.

Bu Llinos Lee yn gohebu ar y Tour de France ers 2016, gan dreulio diwedd pob cymal ar y llinell derfyn yn holi'r seiclwyr wrth iddynt orffen. Felly, fe welodd hi Geraint a'i holi ar ddiwedd pob un o'r tri chymal cyntaf.

"Mi oedd 'na wahaniaeth mawr yn Geraint yn bendant," meddai Llinos. "Ar ddechre pob Tour roedd e o hyd yn edrych mlaen ac yn gwbod ei le fel petai, i gefnogi Froome a'i gadw allan o drwbwl. Yn ystod fy nghyfweliad cyntaf gyda fe, nath e ddim sôn am Froome, dim ond faint roedd e'n edrych mlaen i'r daith gydag angerdd. Roedd ei agwedd yn gwbwl wahanol ac yn llawn penderfyniad, nath wneud i Owen Hughes y dyn camera a finne feddwl bod yna newid ynddo fe a falle bod e'n gwbod rhywbeth doedden ni ddim.

"Er gwaetha'r ymdrech fawr, roedd yn drawiadol pa mor gyfforddus roedd Geraint yn edrych. Er straen y cymal, roedd e fel petai wedi ymlacio'n llwyr. A byddai'n gwenu hefyd ac roedd bob amser yn barod i roi o'i amser, er gwaethaf popeth roedd ganddo i'w wneud ar ddiwedd pob cymal ond ni fyddai fyth yn bradychu unrhyw emosiwn, gan roi diolch i'w dîm hefyd bob tro. Yn y bôn, roedd e'n gwneud popeth i dynnu'r sylw oddi arno ef ei hun."

Roedd gweddill y Cymry ar y tîm hefyd yn barod i gael eu holi, er gwaethaf yr holl bwysau. Capten y tîm ar y ffordd yw Luke Rowe o Gaerdydd, ac roedd yn anhygoel ei fod yn dal i rasio ar ôl torri ei goes y flwyddyn ddiwethaf. Fel arfer, pan mae'r rhaglen yn dechrau ar S4C, mae Luke wedi gwneud ei waith ac wedi llithro'n ôl i gefn y *peloton*. Ond mae'n rhan mor allweddol o'r tîm. Eto, mae'n gymeriad sydd byth eisiau cymryd unrhyw glod ac yn barod i rannu hynny gyda gweddill y tîm.

Mae Dave Brailsford, neu Syr Dave, hefyd yn un sydd yn cofio o ble mae'n dod. Gyda'r holl sylw sydd wedi bod ar y tîm, mae'r dyn o Ddeiniolen yn dal yn arweinydd, ac wedi bod mor llwyddiannus. Er bod sylw negyddol i Sky ambell dro yn Ffrainc, maent yn cymryd pob cyfweliad o ddifri, ond mae'n gwbl glir gymaint o ffocws sydd ganddyn nhw i gyd.

"Yn amlwg roedd y daith eleni yn un heriol iawn yn enwedig achos yr ymateb roedd y tîm i gyd yn ei gael gan y Ffrancwyr," ychwanegodd Llinos Lee. "Bob tro roedd y bws yn cyrraedd roedd na 'Bŵ' mawr gan y dorf. Roedd 'na deimlad o siom fawr ar ôl y *team time trial* achos roedden nhw wedi gobeithio gorffen yn gyntaf. Ond yn nodweddiadol o Geraint, roedd e'n benderfynol o feddwl yn bositif a meddwl am y cymal nesaf yn syth. Roedd e'n eithaf cŵl achos roedd e'n gwbod bod 'na lot o waith i'w neud, dim ond dechre'r daith oedd hyn. Roedd e'n ricyfro'n dda ar ôl pob cymal ac i'w weld fel petai 'na dal i fod lot fawr ar ôl yn y tanc! Roedd e'n teimlo'n dda. Pan wnaethon ni adael ar ôl yr wythnos gynta, teimlad ein tîm ni oedd – bydd e mewn melyn pan ddewn ni'n ôl i Ffrainc."

Ar ddiwedd y trydydd cymal roedd Geraint yn drydydd, tair eiliad yn unig rhyngddo a'r crys melyn.

Cymal 4

10 Gorffennaf
La Baule i Sarzeau
195km

Yn nodweddiadol o gymalau wythnos gyntaf y Tour, un digon digyffro oedd hwn ac wedi ei gynllunio ar gyfer y gwibwyr. Y nod i'r rhai sydd â'u bryd ar ennill y ras yw peidio colli amser, osgoi damweiniau a pheidio â gwastraffu unrhyw egni. Y gŵr ifanc o Golombia, Fernando Gaviria o Quick-Step Floors, wnaeth gipio'r cymal, ei ail o'r Tour, gyda Peter Sagan eto yn ail, Greg Van Avermaet yn aros yn y crys melyn fel arweinydd y ras, gyda Geraint yn drydydd, tair eiliad y tu ôl iddo.

Roedd damwain fawr arall yn rhan olaf y cymal, tua 5km o'r diwedd, ond fe wnaeth Geraint osgoi hon hefyd. Stori wahanol oedd gan Rigoberto Urán – enw mawr arall a chyn-aelod o dîm Sky. Er i'w dîm lwyddo i'w arbed rhag colli amser, roedd yn rhaid iddyn nhw weithio'n galed. Fe gollodd Ilnur Zakarin o dîm Katusha-Alpecin bron i ddwy funud, ac unrhyw obaith o fod ar y podiwm. Nid felly Geraint a'i dîm, oedd yn medru cadw nerth ar gyfer y cymalau i ddod. Dim newid mawr felly yn y deg uchaf o ran trefn nac amseroedd y ceffylau blaen.

Caiff pob cymal ei wylio gan filoedd o gefnogwyr ar hyd y llwybr a bydd miliynau'n gwylio pob un o'r rhain, gyda dros ddeugain miliwn ledled y byd ar y cymalau enwocaf. Bwriad gwreiddiol cynnal y ras oedd hyrwyddo papur newydd *L'Auto* yn 1903 ond yn raddol fe dyfodd i fod yn ras 21 cymal dros 23 dydd. Erbyn heddiw mae'n un o'r tri Grand Tour (gyda Giro'r Eidal a Vuelta Sbaen) sydd yn uchafbwynt y calendr seiclo, ac yn cael ei ddefnyddio i hyrwyddo Ffrainc ac i ddenu ymwelwyr. Bydd rhanbarthau sirol yn talu i'r ras ymweld â'u rhan nhw o'r wlad, ac yn aml bydd y tridiau cyntaf yn cael eu cynnal y tu allan i Ffrainc. Cychwynnodd y daith yn Swydd Gaerefrog yn 2014, ac yn yr Almaen yn 2017.

Cyfarwyddwr Le Tour de France yw Christian Prudhomme, ac mae e'n cofio'r Geraint Thomas ifanc a oedd yn aelod o dîm Barloworld:

"Mi gychwynnais fel Cyfarwyddwr y Tour de France yn ôl yn 2007, pan gychwynnodd y ras yn Llundain, gan ddenu torfeydd enfawr a sylw cenedlaethol. Yn amlwg roedd seiclo yn boblogaidd yn y wlad. Dyna un o'r rhesymau pam y dychwelodd y Tour i Brydain yn 2014. Y Tour yn 2007 hefyd oedd y gyntaf i Geraint Thomas, oedd yn un o griw addawol o dalent o Brydain, gan gynnwys Mark Cavendish, a'r ieuengaf yn y ras i gyd. Dyna'r flwyddyn roedd un o enwau mawr y cyfnod, Fabian Cancellara, yn gwisgo'r crys melyn am y tro cyntaf. Un o gywion y *peloton* oedd Geraint Thomas, yn ddim ond un ar hugain mlwydd oed, ac roedd yn her enfawr iddo. Ond fe oroesodd a gorffen y ras, er llawer diwrnod anodd iawn ac roedd yn olaf ond un. Dangosodd ddycnwch anghyffredin i ddal ati a gorffen bob diwrnod o fewn y cyfyngiad amser. Ond fe wnaeth orffen," meddai Prudhomme.

"Erbyn 2010 roedd gan Geraint Thomas enw fel seiclwr cryf ar gyfer y Tour de France, gyda record, neu *palmarès* arbennig. Roedd yn aelod o dîm newydd Sky, fe oedd pencampwr Prydain ac roedd medal aur Olympaidd ganddo. Roedd dau gymal y flwyddyn honno ar y *pavé*, sef y llwybrau cerrig, cyn cyrraedd

Arenberg, ac roedd Geraint wedi ennill Ras Ieuenctid Paris–Roubaix yn 2004 ar yr un cymalau. Curodd rai o'r enwau mawr yn 2010 ac roedd yn gystadleuol gyda seiclwyr o fri fel Cadel Evans ac Andy Schlek, sef dau aeth ymlaen i ennill y Tour, yn ogystal â Fabian Cancellara a Ryder Hesjedal. O ganlyniad fe wisgodd y crys gwyn am y seiclwr ifanc gorau am bedwar diwrnod. Felly, roedd wedi datblygu llawer yn y tair blynedd ers ei Tour cyntaf. Eleni, wyth mlynedd yn ddiweddarach, roedd wedi datblygu a chryfhau yn fawr, ac o edrych yn ôl, o gymharu gyda 2010, roedd yn seiclwr cyflawn, gyda'r sgiliau a'r profiad sydd angen i fod yn gystadleuol am y podiwm yn y Tour de France."

Roedd hi'n amlwg fod trefnydd y ras, sydd yn ffigwr dylanwadol iawn yn y byd seiclo, yn un o edmygwyr Thomas.

Cymal 5

11 Gorffennaf
Lorient i Quimper
204.5km

Gyda'r ras nawr yn Llydaw roedd y trefnwyr wedi manteisio ar y tirlun trawiadol, gyda rhan gyntaf y cymal yn mynd heibio traethau a dinasoedd. Ond mater gwahanol oedd ail hanner y cwrs. Roedd hwnnw'n cynnwys lonydd cul a dringfeydd a oedd yn fyr ond yn serth a chreulon ar ôl seiclo dros gant a hanner o gilometrau cyn hynny. Hwylio a seiclo yw'r chwaraeon poblogaidd yn Llydaw ac uchafbwynt y dydd yw dringfa bron i dri chilometr o hyd, sef y Menez Quelerc'h.

Wrth i Greg Van Avermaet a Philipe Gilbert (oedd yn bumed dros nos) gadw llygad barcud ar ei gilydd, Peter Sagan a sleifiodd trwyddo i gipio'r cymal, ei ail yn y Tour yn 2018, gyda Van Avermaet yn aros yn y melyn. Eiliadau sydd rhwng y deg uchaf, ac mae

Geraint Thomas yn bedwerydd, gwta bum eiliad ar ei hôl hi.

Un nodwedd o'r Tour yn 2018 yw bod nifer aelodau'r timoedd wedi cael eu lleihau o naw i wyth seiclwr gan yr UCI – y corff sydd yn rheoli a gweinyddu'r seiclo. Felly, 176 oedd yn cychwyn, nid y 198 arferol. Y bwriad oedd ceisio lleihau nifer y damweiniau a lleihau fymryn ar fantais y timau cryfaf, ond gan fod y *peloton* yn rasio ar lonydd cymharol gul a phawb yn gwthio i fod ar y blaen, mae'r damweiniau wedi parhau bob dydd. Doedd Chris Froome yn ddim ond un o'r ffefrynnau i ddioddef oherwydd hyn, a byddai mwy yn dilyn yn y dyddiau canlynol.

Un arall o'r ffefrynnau oedd Tom Dumoulin o dîm Sunweb, a ddaeth yn ail yn y Giro ychydig wythnosau ynghynt:

"Hyd yma dwi ddim wedi gweld fawr o newid yn y Tour," meddai'r gŵr o'r Iseldiroedd. "Ond yn y Giro ni fu'r un ddamwain, er dwi ddim yn siŵr pam roedd hynny. Ond roedd y *peloton* yn llai, a dwi'n hoffi bod y *peloton* yn llai. Rydyn ni wedi gweld cwpl o ddamweiniau dros y dyddiau diwethaf yma yn Ffrainc, nid oherwydd y ffyrdd na'r cwrs o gwbl. Maen nhw'n digwydd o'n herwydd ni, y seiclwyr. Dwi'n teimlo bod gormod o *stress* yn y *peloton* ar y funud, ond fedr neb wneud dim byd amdano."

Gall y damweiniau fod yn rhai sydd yn edrych yn drawiadol ar deledu ac mae'r lluniau'n cael eu dangos dro ar ôl tro. Ond i seiclwyr profiadol fel Tommie Collins o Borthmadog, sydd ar ffyrdd Eryri bob wythnos o'r flwyddyn, y rasio ddylai ddod yn gyntaf. Bu'n dilyn y Tour ers y 1970au, gan brynu'r cylchgronau seiclo i gyd a'u darllen o glawr i glawr:

"Gwylio'r ras i weld y cyffro, y dechneg a phenderfyniad y seiclwyr fydda i. Dyna pam dwi'n hoffi mynd allan i wylio'r Tour pan fedra i, ac os na fydda i yno, bydd ar y teledu yn y tŷ bob dydd, er mai'r uchafbwyntiau fydda i'n eu gwylio yn ddyddiol erbyn heddiw. Mi fedr rhywun ddallt pam fod y llunia damweiniau'n edrych yn *spectacular*, ond dwi ddim yn siŵr am hynny. Pan rown i'n fengach byddwn i wrth fy modd yn eistedd a gwylio'r Tour yn fyw drwy'r pnawn. Y dringwyr fel Robert Millar, ac yna Marco Pantani oedd fy ffefrynnau yr adeg yna.

"A rhaid teimlo dros y seiclwyr hynny sydd wedi

paratoi trwy'r gaeaf am yr un ras yma, yn aberthu popeth i fod yn barod. Ac yna bydd damwain a thrwy dim bai arnyn nhw, maen nhw allan o'r ras. Dyna ddigwyddodd i Geraint y llynedd, seiclo o flaen Froome i'w warchod, seiclwr arall yn torri i fewn o'i flaen a cholli rheolaeth ar allt serth a chyflym. Geraint yn torri ysgwydd ac allan â fo."

Ac yn dilyn be ddigwyddodd yn y Giro yn 2017, pan oedd o'n amlwg mor ffit, a ddim rhy bell y tu ôl i Dumoulin yn y ras yn erbyn y cloc, roedd yn biti mawr. Adeg yna, moto-beic heddlu wedi'i barcio'n flêr wnaeth achosi'r ddamwain.

Mae Tommie'n credu bod angen gwneud rhywbeth i geisio sicrhau bod y ras yn saffach. Bu ef ei hun yn seiclo heb helmed am flynyddoedd:

"Dwi'n gwisgo helmed rŵan achos mae'n lleihau'r risg ychydig, a be dwi wedi sylwi ydi fod damweiniau fel arfer yn digwydd oherwydd camgymeriad rhywun arall, boed yn yrrwr neu'n seiclwr. Hynny ydi, mae'r sefyllfa allan o'ch rheolaeth. Felly hefyd yn y Tour de France.

"Mae angen edrych eto ar faint o dimoedd sydd yn cymryd rhan, ac ella lleihau'r nifer. A hefyd y ceir a'r moto-beics sydd o gwmpas y *peloton* fel pryfaid. Mae damweiniau'n digwydd yn aml oherwydd hynny, a rhai weithiau'n cael eu lladd. Mi gafodd Peter Sagan ddamwain ofnadwy o gas yn y Vuelta yn Sbaen. Does neb eisiau gweld damwain, er mor drawiadol mae'n medru edrych ar y teledu."

Cymal 6

12 Gorffennaf
Brest i Mûr-de-Bretagne Guerlédan
181km

Gyda'r ddringfa olaf serth yn ffafrio'r dringwyr ymysg y seiclwyr, y Gwyddel Dan Martin wnaeth gipio'r cymal, gan yrru'n galed ac yn dactegol. Roedd y fuddugoliaeth gan arweinydd tîm UAE hefyd yn tynnu sylw ei fod yn fygythiad i obeithion Geraint am y podiwm. Collodd Froome wyth eiliad ac Urán un ar ddeg eiliad. Cafodd gobaith mawr y Ffrancwyr, Romain Bardet – oedd yn ail yn 2017 – glec fawr i'w freuddwyd. Cafodd Bardet, arweinydd AG2R La Mondiale, ddamwain gyda Tom Dumoulin. Fe gollodd Dumoulin 53 eiliad wrth orfod newid olwyn ac fe gafodd gosb amser o ugain eiliad arall. Nid dyna'r unig ergyd i obeithion Dumoulin chwaith. Bu'n rhaid i aelod cryfaf ei dîm, Michael Matthews, dynnu allan o'r ras oherwydd salwch, ac ychydig ddyddiau cyn i'r ras ddechrau, roedd seiclwr talentog arall, Wilco Kelderman, wedi methu â chychwyn oherwydd damwain. Felly, roedd y gŵr o'r Iseldiroedd yn wynebu gweddill y ras heb ddau aelod cryfaf ei dîm.

Cadwodd Greg Van Avermaet y crys melyn am ddiwrnod arall, gyda Geraint nawr yn ail, ar ôl iddo ddangos eto ei fod yn chwilio am bob cyfle, gan fachu dwy eiliad bonws.

"Roedd y cymal yma yn un arwyddocaol dros ben," yn ôl Dewi Owen. "Nid yn unig roedd Geraint yno ar y diwedd ac yn rasio'n gryf, roedd hefyd yn rasio'n ddoeth. Gallai fod wedi gwthio'n galetach a cheisio am safle uwch a falle cipio mwy o eiliadau bonws. Ond cadwodd hynny'n ôl ar gyfer y cymalau i ddilyn. Ac roedd damwain Dumoulin yn golygu iddo orfod rasio'n galed i beidio colli gormod o amser. Ond hefyd fe gafodd Dumoulin gosb o ugain eiliad am ddrafftio, sef aros yn rhy hir y tu ôl i un o'r ceir wrth geisio dal gweddill y *peloton*. Roedd yr eiliadau yma'n fantais seicolegol ac yn fantais ymarferol i Geraint. Roedd y ffaith hefyd nad oedd yn gorfod tywys Froome ar y cymal yma'n help mawr. Ac mi welson ni ar y diwedd ei fod yn cadw rhywbeth yn ôl."

Ar ddiwedd y cymal fe ddywedodd Geraint:

"Roeddwn am fynd amdani gan fy mod yn gweld y cyfle. Ond roedd Dan yn llawer rhy gryf. A dwi ddim yn meddwl y byddai unrhyw un yn gadael imi fynd chwaith, fe wnes i drio deirgwaith. Mae'n biti na wnes i lwyddo i gyrraedd y podiwm ar y cymal yma, ond dwi o fewn ychydig eiliadau i'r crys. A dwi'n eithaf hapus ar y cyfan, mi wnes i gipio cwpwl o eiliadau bonws. Ar y rhan olaf un ro'n i'n gwybod bod y clip olaf yn galed, felly ro'n i'n disgwyl am hynny. Ond pan o'n i'n barod roedd Dan a Latour wedi mynd erbyn hynny, ac yna aeth Valverde, ac ro'n i'n gwybod na allwn ei guro am y trydydd safle. Felly, mi wnes i benderfynu aros lle roeddwn a chadw'r un y cant yna ar gyfer diwrnod arall."

Dengys ffotograff o'r criw dethol yn cyrraedd y llinell derfyn ar gymal chwech stori ddadlennol. Gyda Martin a Latour yn ymladd am y fuddugoliaeth, y tu ôl iddyn nhw mae'r enwau mawr – Valverde, Alaphilippe, Majka, Yates, Mollema, Roglič a Porte – i gyd â'u pennau i lawr yn gwthio'n galed. Ond mae Geraint yn seiclo gyda'i ben yn uchel, yn ymwybodol o bopeth sydd yn mynd ymlaen o'i amgylch, ond yn hapus i adael iddyn nhw rasio a mynd heibio iddo, gan wybod na fyddai'n colli unrhyw amser. Mae'n amlwg wedi aeddfedu ac wedi dysgu bod yn amyneddgar. Bydd hynny, a chadw'r un y cant yna yn ôl, yng ngeiriau Geraint, yn talu ar ei ganfed dros y dyddiau nesaf.

"Ond roedd gwahaniaeth erbyn y cymal ar ben y Mûr-de-Bretagne a enillodd Dan Martin," meddai Gareth Rhys Owen. "Yno roedd y bysys wedi'u parcio tua 500 metr o'r copa a doedd dim lle i'r beicwyr oedd yn seiclo'n ôl ar eu pennau eu hunain. Roedd y lle'n gyflafan fawr, gyda gohebwyr o bob cwr o'r byd yno, ac roedden nhw'n amlwg wedi sylwi bod Geraint nawr yn y ras o ddifri."

Cymal 7

13 Gorffennaf
Fougères i Chartres
231km

Er mai hwn oedd cymal hiraf y Tour yn 2018, roedd yn gymal perffaith arall ar gyfer y gwibwyr, ond enw gwahanol oedd yn fuddugol y tro yma gyda Dylan Groenewegen yn ennill yng nghysgod eglwys gadeiriol Chartres. Roedd y gwibwyr amlwg eraill, Fernando Gaviria a Peter Sagan, yn ail a thrydydd agos, a thu ôl iddynt roedd Mark Cavendish yn dechrau edrych fel petai'n gwella. Greg Van Avermaet gadwodd y crys melyn gyda Geraint yn ail eto, chwech eiliad y tu ôl iddo. Mae'r ffaith mai Van Avermaet sydd yn parhau i wneud dyletswyddau'r crys melyn, a'i dîm yn gorfod gweithio'n galed yn ddyddiol, fel sydd yn rhaid i dîm y crys melyn wi wneud, yn golygu bod Geraint a thîm Sky yn medru cadw allan o'r gwynt ac o'r sylw. Mae'n drawiadol bellach fod pob un o'r ffefrynnau wedi colli amser trwy ddamwain, cosb neu broblem fecanyddol. Pawb, hynny yw, ond Geraint Thomas. Wrth i'r wythnos gyntaf ddirwyn i ben, mae'r Cymro i'w weld yn mwynhau mymryn o lwc am y tro cyntaf yn ei hanes yn y Tour. Ac mae pob enillydd angen lwc i lwyddo, gan fod cymaint o elfennau na fedrith neb eu rheoli.

Doedd fawr o neb wedi mwynhau'r cymal hir, gwastad a digon diflas oedd yno er mwyn symud y ras o un rhan o'r wlad i'r llall. *Parcours* yw'r gair Ffrengig am 'lwybr y cwrs'. Doedd gan Peter Sagan o dîm Bora-Hansgrohe fawr i'w ganmol am y cymal:

"Roedd hwn yn ddiflas iawn, aeth pawb yn eitha hawdd trwy'r dydd cyn rasio'r deg cilometr olaf yn unig."

Mae Alejandro Valverde o dîm Movistar wedi cwblhau 160 o gymalau o'r Tour de France yn ei yrfa.

"Dwi'n meddwl bod heddiw yn ormod," meddai Valverde. "*Parcours* sydd yn 230 cilometr o hyd, a bron yn wastad? Tydi hynna ddim yn gwneud llawer o synnwyr, ond dyna fo! Dyna beth oedd heddiw ac roedd yn rhaid i ni ei seiclo."

Byddai Valverde yn dod yn Bencampwr y Byd 2018 yn y ras ar y ffordd yn Innsbruck ym mis Medi, ac yntau'n 38 mlwydd oed.

Ar gymal fel hwn mae angen ariannol y Tour i symud o le i le ac ymweld â chynifer o'u noddwyr â phosib yn creu problem o ran y ras ei hun. Ond ar y llaw arall mae pawb yn gwybod bod cymal dros y coblau i ddod yn Roubaix ddydd Sul, ac yna'r tridiau yn yr Alpau pan fydd y dringwyr a ffefrynnau'r ras yn dod i'r amlwg. Bydd y cymalau hynny'n anodd i wibwyr pur i ymdopi â nhw hefyd, gan fod yn rhaid i bawb gwblhau'r cymal o fewn amser penodol.

Mae cymalau gwastad hefyd yn fodd i gadw ynni yn ôl ar gyfer y cymalau mwy heriol rheiny. Yn ôl arweinydd tîm BMC, Richie Porte, sy'n arbenigwr ar ddringo ond nid ar y coblau:

"Eiliadau yn unig sydd rhwng y ceffylau blaen ar hyn o bryd, ond erbyn i ni gyrraedd y mynyddoedd bydd hyn yn funudau. A dwi'n edrych ymlaen yn fawr am hyn, er bod yn rhaid concro'r *pavé* yn Roubaix yn gyntaf. Dwi'n poeni am hwnnw yn barod gan fod gymaint o bwysau ar bawb i gyrraedd yno'n gyntaf i geisio sicrhau lle ffafriol yn y ras. Bydd pawb yn rasio'n galed trwy'r dydd. Bydd yn rhaid i bawb fod yn wyliadwrus dydd Sul."

Cymal 8

14 Gorffennaf

Dreux i Amiens

181km

Dylan Groenewegen o'r Iseldiroedd, y gwibiwr cyhyrog o dîm Lotto Jumbo, sydd yn cipio'r cymal, gyda Van Avermaet yn parhau i gadw gafael ar y crys melyn. Ond mae mwy o ddamweiniau yn taro enwau mawr, fel y Gwyddel Dan Martin o dîm UAE, sydd yn colli amser. Caiff gwibiwr arall, a chyn-bencampwr byd, Tony Martin o'r Almaen, ddamwain gas sydd yn ei orfodi i adael y ras. Daw Geraint trwy'r cymal yn ddianaf, a pharhau yn ail, ond saith eiliad y tu ôl i'r crys melyn. Nid yw wedi gorfod rasio'n rhy galed chwaith. Gyda'r cymal nesaf ar gerrig y *pavé*, mae pawb yn awyddus i gadw eu nerth.

Un nodwedd o'r Tour, fel y ddau Grand Tour arall blynyddol yn Sbaen a'r Eidal, yw nad oes gan y timau'r rhyddid i ddewis ble maen nhw'n aros dros nos. Yn hytrach mae'r trefnwyr yn dewis pa westy fydd pob tîm yn aros ynddo, ac yn aml bydd mwy nag un tîm yn yr un gwesty. A gan eu bod yn ymweld â rhannau anghysbell o Ffrainc mae gorfod cynnal llety i dros ddau gant a hanner o bobl yn her. Felly, yn aml, bydd cwyno am safon y gwestai a dyna wnaeth ddylanwadu ar Dave Brailsford a thîm Sky i geisio gwneud gymaint â phosib i reoli popeth ar ôl i'r rasio ddod i ben, i geisio rhoi mantais fach i'w seiclwyr a gwneud eu bywydau mor gyfforddus â phosib. Fe aeth ati hefyd i ailgynllunio'r bws i gynnig gymaint o foethusrwydd â phosibl.

Pan fydd y seiclwyr yn croesi'r llinell derfyn bydd ras arall yn dechrau, i'w paratoi ar gyfer y cymal nesaf. Ar ddiwedd pob cymal bydd y seiclwyr yn cael cynnig diod arbennig sydd yn cynnwys protin i'w helpu i adfer y corff ar gyfer y diwrnod canlynol. Yna, mynd at y bws, lle mae'n bosib eistedd ar feic a seiclo'n araf fel bod y corff yn cael cyfle i oeri'n raddol wedi oriau o ymdrechu caled. Ar y bws fe fyddan nhw'n cael cawod a newid i ddillad cynnes, cyn eistedd mewn seddi cyfforddus i ddarllen, gwylio ffilmiau neu raglenni teledu neu wrando ar gerddoriaeth. Bydd cogydd ar y bws yn cynnig bwyd o reis, tatws neu basta iddyn nhw. Yn y gwesty wedyn, bydd cyfle i gael *massage* a swper. Bydd y bwyd yma wedi ei baratoi gan gogydd y tîm sydd yn teithio gyda nhw i bobman.

Ar yr un pryd, bydd aelodau eraill o'r tîm wrth gefn yn mynd ati i olchi'r dillad i gyd, tra bydd y seiclwyr yn mynd i'r gwely. A thra bo hyn yn digwydd bydd peirianwyr y tîm yn gweithio ar y beics i sicrhau bod y rheiny'n barod at y bore. Ac mae wedi dod yn arfer i'r timoedd ddod â matresi a gobenyddion eu hunain gyda nhw fel bod y seiclwyr mor gyfforddus â phosib wrth gysgu.

Erbyn y bore, bydd y seiclwyr yn derbyn neges trwy gyfrwng megis WhatsApp i gael gwybod erbyn faint o'r gloch fydd yn rhaid codi i gael brecwast y bore wedyn. Gyda'r nos bydd y tîm rheoli yn trafod y cymal nesaf a thactegau'r dydd, a pharatoi ar gyfer briff y bore ar y bws ar ôl brecwast.

Cymal 9

15 Gorffennaf
Arras i Roubaix
156.5km

Dyma gymal pan fyddai profiad Geraint ar y rhannau technegol oedd yn ffurfio ras Paris–Roubaix yn rhoi mantais iddo, a chyfle i ennill amser. Ond gan fod pawb arall yn y *peloton* yn rasio'n galed hefyd i geisio cyrraedd y mannau cul yn gyntaf fe gafwyd sawl damwain arwyddocaol. Mae Richie Porte yn disgyn cyn cyrraedd y rhannau gyda'r cerrig, y *pavé*. Gan fod y rhannau yna ar heolydd cerrig yn ymestyn dros 22km mor heriol ac mor anodd, mae'n debygol y bydd damweiniau'n digwydd. Felly, mae'r seiclwyr i gyd yn ceisio bod ar y blaen, neu o leiaf ymysg y criw cyntaf i daclo'r *pavé*. A dyna pam fod ymladd am safle bron o'r cychwyn, a dyna achosodd i Richie Porte ddisgyn oddi ar ei feic mewn damwain, a thorri pont ei ysgwydd eto. Blwyddyn arall wedi'i cholli iddo, ar

ôl damwain erchyll yn y Tour yn 2017. Mae'r seiclwr
o Golombia, Rigoberto Urán, sydd yn ffefryn arall,
hefyd yn cael damwain ac mae yntau'n gorfod tynnu
allan o'r Tour.

Ym marn y sylwebydd seiclo Peredur ap Gwynedd
wrth ystyried y canlyniad a beth oedd ar fin digwydd,
roedd yr anffawd i Richie Porte yn arwyddocaol
tu hwnt. A'r canlyniad ar y trydydd cymal nawr yn
fantais i dîm Sky, a'r arweinydd answyddogol, Geraint
Thomas. Meddai Peredur:

"A dweud y gwir, tîm Sky enillodd y ras yn erbyn
y cloc yng nghymal tri gan fod BMC am golli eu
harweinydd Richie Porte i ddamwain arall, a fyddai'n
ei orfodi i adael y ras. Felly, mi fyddan nhw'n rasio'n
galed i gadw'r crys melyn cyn hired â phosib, ond heb
fod yn fygythiad yn y pen draw i obeithion dîm Sky, a
Geraint Thomas yn benodol."

Golyga hynny fod Van Avermaet am gadw'r crys
melyn cyn hired â phosib. Ac felly'n gorfod ysgwyddo'r
awr a hanner nosweithiol ar ôl pob cymal yn ogystal
â chynnal cyfweliadau gyda'r wasg o bob cwr o'r byd.
Mae'r rhain yn ffactorau bychain, ond yn mynd o
blaid y Cymro wrth i'r ras fynd yn ei blaen.

Caiff Chris Froome ddamwain hefyd, gan ddisgyn eto oddi ar ar ei feic. Nid yw'n arbenigwr ar y rasys undydd, ac nid yw wedi rasio'r rhain yn aml. Meddai Wyn Gruffydd:

"Aeth Chris Froome ar ei din eto, gan ddisgyn i ffos, 45km o'r diwedd ar gychwyn sector 8 o 15 ar y coblau yn Mons-en-Pévelè. Fe wnaeth Moscon a Kwiatkowski hefyd ddisgyn a Luke Rowe yn gweld difrod i olwyn yn hwyrach ar y cymal. Aeth gweddill aelodau tîm Sky o'r grŵp blaen, ac eithrio Geraint Thomas, yn ôl i roi help llaw i Froome. Dyma'r arwydd cliriaf eto taw Chris Froome – er ei fod 59 eiliad y tu ôl i Geraint – yw prif reidiwr y tîm.

"Mae'n edrych yn debyg taw tîm Movistar yn unig all herio tîm Sky yn y mynyddoedd ond po fwyaf maen nhw am oedi cyn gwneud symudiad, yna'r mwyaf tebygol yw hi y bydd Froome yn ennill ei bumed Tour. Mae hynny hefyd yn taflu dŵr oer ar obeithion Geraint Thomas o ennill y Tour am y tro cyntaf."

Yr Almaenwr John Degenkolb sydd yn ennill y cymal, a Van Avermaet yn ail, gan ymestyn ei fantais dros Geraint i 43 eiliad, sydd yn parhau i fod yn ail yn y ras gyfan. Roedd Geraint yn siomedig i golli'r amser, ond nid yw'r rhai wnaeth orffen o'i flaen yn fygythiad i'w obeithion o ennill y ras. Hon oedd buddugoliaeth gyntaf Degenkolb mewn tair blynedd, ac fe gollodd fisoedd o seiclo ar ôl i gar yrru'n syth i mewn iddo yntau a gweddill aelodau ei dîm wrth iddyn nhw ymarfer. Roedd y car ar yr ochr anghywir o'r ffordd ac fe ddioddefodd Degenkolb anafiadau difrifol a fu bron â dod â'i yrfa i ben. Roedd ei ddagrau a'i orfoledd ar ddiwedd y cymal yn Roubaix yn hynod o emosiynol ac yn dangos gymaint roedd y fuddugoliaeth yn ei golygu iddo.

"Cyn dydd Sul cymal Roubaix, sef yr un diwrnod â rownd derfynol Cwpan y Byd, pêl-droed oedd yn hawlio sylw mwyaf 5 Live," meddai Gareth Rhys Owen. "Newidiodd hynny ar ôl i Ffrainc ennill y Cwpan. Fe gyrhaeddon ni Annecy ar gyfer y diwrnod gorffwys cyntaf, a bu newid byd llwyr ar gyfer rhan nesaf y Tour. Tra bod Geraint mewn safle cryf, yn bersonol, do'n i ddim yn meddwl bod Cymal 10 yn ddigon caled iddo fedru gwneud ei farc a dangos ei gryfder.

"Byw ar y briwsion roedd Geraint cyn Roubaix. Roedd popeth yn dibynnu ar beth ddigwyddai yno, gan fod Geraint am yr wythnos gyntaf wedi cael rhyddid gan dîm Sky i seiclo drosto'i hun heb orfod gwarchod Froome. Er bod 50 eiliad o fantais ganddo ar Froome roedd pawb yn gwybod y gallai un ddamwain newid popeth.

"Dwi wedi bod yn holi Geraint mewn rasys ers 2008 ac rydym wedi dod i adnabod ychydig ar ein gilydd. Ond digwyddodd rhywbeth rhyfedd ar ddiwedd y cymal yma i Roubaix. Croesodd Geraint y llinell a gwrthod gwneud cyfweliad. Hwn oedd y tro cyntaf i hynny ddigwydd. Roedd yn amlwg wedi blino. Ond o fewn deg munud roedd yn barod i gael ei holi. Rhaid bod yr adrenalin yn pwmpio ar ddiwedd y cymal ac roedd yn amser iddo ailosod ei olygon ar ran nesaf y ras. Roedd llwyth o bobol yn rhoi pwysau arno wrth gwrs.

"I mi, yn 2018, roedd yn ras o ddwy ran, sef yr hyn ddigwyddodd cyn ac ar ôl cymal Roubaix. Galle pobl yn hawdd fod wedi colli neu ennill munudau, deg munud hyd yn oed, ar y cymal yma. A bob tro roeddwn i'n holi Geraint ar ddiwedd y cymalau cyntaf, roedd yn amlwg mai ei flaenoriaeth oedd Roubaix. Roedd proffil y cymal yn siwtio ei sgiliau arbennig e.

Ei fwriad oedd cyrraedd y diwrnod gorffwys cyntaf yn Annecy yn gwisgo'r crys melyn."

Ac meddai Wyn Gruffydd:

"Fe wnaeth gweld Geraint yn defnyddio'i holl brofiad yn rasus Clasuron y gwanwyn ar y coblau i gadw mas o drwbwl, a hefyd i ymladd am safle cystadleuol a diogel ar bob un o'r pymtheg sector rhwng Arras a Roubaix, ddod â gwên i fy wyneb i."

16 Gorffennaf

Diwrnod o orffwys

Roedd carfan tîm Sky, fel gweddill y *peloton*, wedi hedfan draw i Annecy cyn mynd i'r gwesty. Roedd y tymheredd o'i gymharu â gogledd Ffrainc yn boethach a thrymach wrth i Ewrop grasu yn un o'r hafau poethaf ar record. Roedd hi'n noson glòs iawn ac roedd Geraint, fel gweddill y tîm, am ddefnyddio peiriant awyru i oeri ei ystafell i sicrhau ei fod yn cael digon o gwsg. Ond gyda'r wyth peiriant yn rhedeg, roedd y cyflenwad trydan wedi methu. Ateb rheolwyr tîm Sky? Dweud wrth y tîm mai Froome yn unig fyddai'n cael defnyddio'r peiriant. Yn ei lyfr am y ras, datgelod Geraint iddo sylweddoli gyda'r neges fer honno, ble roedd yn sefyll yn nhrefn y tîm. Ond gwrthododd ag ufuddhau a defnyddiodd y peiriant awyru, beth bynnag. O ganlyniad fe gysgodd yn dda ac ni ddeffrodd tan ddeg y bore wedyn.

"Ar y diwrnod gorffwys roedd mwy o bobl eisiau siarad a chyfweld gyda Dave Brailsford, a oedd wedi cythruddo'r Ffrancwyr gydag ambell sylw," meddai Gareth Rhys Owen. "Mi gawson ni gyfle i gael hoe yn Annecy ac yno, wrth gerdded 'nôl o'r llyn, fe wnes i ddechrau meddwl, tybed oes newid ar droed?"

Cymal 10

17 Gorffennaf
Annecy i Le Grand-Bornard
158.5km

Wedi'r diwrnod o orffwys mae tri cymal heriol yn yr Alpau yn wynebu'r *peloton*. Mae pob sylwebydd yn gwybod na all Greg Van Avermaet ddal at y crys melyn at y diwedd, y cwestiwn yw pryd fydd yn ei golli, ac i bwy. Mae Geraint Thomas mewn safle cryf, ac mae'r cyffro yn gafael yn y Cymry, fel y cofia sylwebydd rhaglen *Seiclo* S4C Wyn Gruffydd:

"Y siarad yn y stiwdio ac yn y blwch sylwebu – gyda Dewi Owen yn rhuthro o gwmpas fel corryn ar steroids drwy'r bore – yw taw heddi y gwelwn ni Geraint Thomas mewn melyn cyn nos.

"Dywed Geraint Thomas wrth y wasg bod Chris Froome yn awyddus iddo fynd am y crys melyn (y crys melyn, nid y fuddugoliaeth, sylwer) pan fydd y Tour de France yn troi i gyfeiriad y mynyddoedd."

"Mae'n rhy gynnar i sôn am hynny," yw ateb Geraint. "Mi all pethau fod yn wahanol os bydda i o fewn cyrraedd ar ôl Alpe d'Huez, ddiwedd yr wythnos."

Meddai Wyn Gruffydd eto: "Yn y frwydr rhwng y ceffylau blaen o blith y dosbarthiad cyffredinol [GC], Geraint Thomas sydd yn y safle gorau, 59 eiliad ar y blaen i Chris Froome.

"Geraint heb os, yn fwy na neb arall, yw'r seiclwr all edrych yn ôl gyda'r boddhad mwya ar wythnos gyntaf y Tour. Nid yn unig y mae wedi cadw mas o drwbwl, ond mae wedi ennill eiliadau bonws gwerthfawr. O ennill y cymal, ac mae e'n fwy na galluog i wneud hynny, mi all e sicrhau rhagor o eiliadau bonws. Ar y cymal yma fe welwn ni sut y bydd e'n ymdopi ar y dringfeydd serth, ac mae sawl un o'r rheiny yn ei aros. Y prif fygythiad yw Alejandro Valverde.

"Mae'n werth cofio bod Geraint wedi treulio'r rhan helaethaf o fis Mai yng nghysgod llosgfynydd Teide ar ynys Tenerife, ac fel y gwelson ni ar y Critérium du Dauphiné, fe wnaeth hynny fyd o les pan enillodd e ar garlam. At hynny fe enillodd amser ac eiliadau bonws ar ddau o'r tri chymal yn yr Alpau uchel ar y

Dauphiné. Mor gynnar â hyn, mae Thomas yn edrych fel y seiclwr cryfaf yn y dosbarthiad cyffredinol."

Yn dilyn y diwrnod gorffwys cyntaf, felly, roedd y Tour wedi cyrraedd yr Alpau ac yn wynebu tri chymal gefn wrth gefn a oedd yn gorffen ar ddringfeydd. Dyma'n draddodiadol pan fyddai'r ras yn cychwyn o ddifrif. Bydd criw o glwb seiclo Egni o Gaernarfon yn dilyn wythnos o gymalau'r Tour yn y mynyddoedd uchel bob blwyddyn. Eleni fe aethon nhw draw i ardal Annecy i wylio'r cymalau yn yr Alpau. Meddai Alun Williams o Gaernarfon:

"Roedd rhai o'r aeloda yn nabod Dave Brailsford pan oedd o'n byw yn yr ardal, ac yn chwarae pêl-droed i Lanrug United, a gweithio yn nhafarn y Crown fel barman. Hogyn o Ddeiniolen ydi Dave. A tydi o erioed wedi anghofio o lle mae'n dod ac mi fydd yn dod yn ôl yn eitha aml i weld ei fam ac i gwrdd â hen ffrindiau. Pan oedd yn hanner cant oed mi gafodd ei barti yn nhafarn y Castell ar y Maes yn dre, ar ôl iddo fod am sbin ar ei feic efo criw ohonon ni. Tydi o heb newid dim, er ei holl lwyddiant.

"Un flwyddyn yn yr Alpau mi welod o ni'n sefyll yno ac mi chwifiodd ni draw a'n gwahodd ar fws tîm Sky, y 'Deathstar' fel ma rhai yn ei alw. Ond ma hynna'n dangos y math o foi ydi o. A trwyddo fo rydan ni wedi cwrdd â Geraint a Luke fwy nag unwaith.

"Felly, y flwyddyn yma, roeddan ni allan yn ardal Annecy ac yn aros mewn tents, ac mi gododd pawb yn gynnar i fynd i aros y tu allan i westy tîm Sky. Mi ddaeth Geraint allan a sylwi arnon ni efo'n baneri Cymru a chlwb Egni ac mi groesodd y ffordd a dod draw i ddeud helô, a chael tynnu ei lun efo'r hogia. Dwi'n meddwl aeth WhatsApp pawb yn wallgo ar ôl hynna efo llwyth o fideos a *selfies* yn cael eu hanfon adra i bawb weld. Ond dyna'r math o foi ydi o, digon o amser i bawb er ei fod o'n ail yn y Tour de France ac ar fin cymryd y crys melyn."

Treuliodd Geraint rai munudau y bore hwnnw yn cael tynnu ei lun ac yn arwyddo crysau cyn mynd am y llinell gychwyn. Roedd disgwyl y byddai Geraint yn cymryd y crys melyn oddi ar Greg Van Avermaet, ond gan fod tîm BMC wedi colli ei arweinydd, Richie Porte, roedd am geisio cadw enw'r tîm, a'u noddwyr yn llygad y camerâu am ddiwrnod arall.

Nodwedd o'r Tour de France yw bod aelodau o'r timau llai yn gwneud eu gorau i dreulio rhai oriau ar flaen y ras bob dydd er mwyn sicrhau bod enwau eu noddwyr yn cael eu gweld gan y camerâu. Gwnaeth Greg Van Avermaet, sydd yn arbenigwr ar rasys undydd, ymdrech fawr i ddringo a chipio buddugoliaeth. Ond y Ffrancwr, Julian Alaphilippe, enillodd y cymal, er i Van Avermaet wneud digon i gadw'r crys am ddiwrnod arall.

Unwaith eto dangosodd Geraint ei aeddfedrwydd wrth beidio â cheisio ennill y cymal, ond cadw ei egni, gadael i eraill wanhau, ac aros am ei gyfle ar un o'r dyddiau dilynol. Daeth y cymal i ben gyda Geraint yn dal i fod yn yr ail safle, er ei fod dros ddwy funud y tu ôl i Van Avermaet erbyn hyn.

Yn ôl Wyn Gruffydd:

"Fe ddaeth hi'n amlwg yn gynnar nad oedd Van Avermaet am ildio'r crys melyn. Byddai hi wedi bod yn hawdd iddo eistedd i fyny yn y cyfrwy, a dweud 'Dyna hi i fi' ond yn lle hynny, fe wnaeth e ein hatgoffa o'r math o reidio ddaeth â medal aur iddo yn y Gemau Olympaidd yn Rio yn 2016. At hynny, fe wnaeth e ymestyn ei fantais ar flaen y Tour gan ennill iddo'i hunan y wobr am seiclwr mwyaf heriol y dydd.

"Roedd dyn camera newyddion BBC Cymru

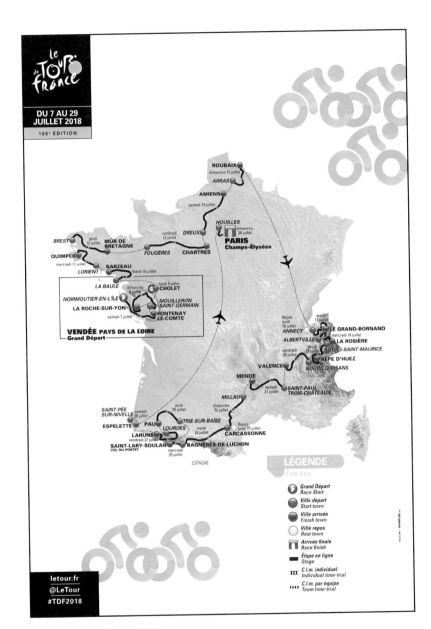

Ffor'na dwi fod i fynd!
© Russ Ellis

Geraint a Roglič ochr yn ochr.
© Russ Ellis

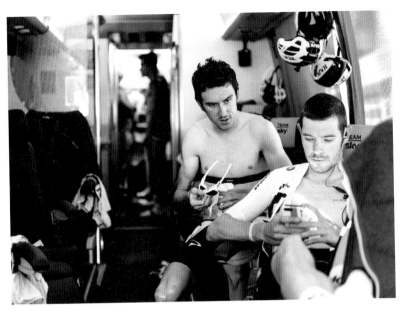

Ymlacio gyda'i gyd-Gymro, Luke Rowe ar fws tîm Sky.
© Russ Ellis

Rhannu gwên gyda Chris Froome.
© Russ Ellis

Geraint ar fin dod o'r cysgodion ar gopa La Rosière, y chwys yn diferu ac wedi cipio'r *maillot jaune*.

© Russ Ellis

Peter Sagan a Geraint yn
rhannu'r profiadau'r ras.

© Russ Ellis

Tom Dumoulin yn llongyfarch
ei gyd-seiclwr.

© Russ Ellis

Rhodri Gomer Davies yn holi ar gyfer rhaglen *Seiclo*.
© Russ Ellis

Llinos Lee yn cyfweld Geraint. Mae'r diwedd yn agosáu!
© Russ Ellis

Y Tour Eiffel wedi ei
oleuo'n felyn.
© Llion Iwan

Sara ei wraig yn ei
longyfarch ar ddiwedd y
cymal yn erbyn y cloc.
© Russ Ellis

Clwb seiclo Egni Caernarfon
gyda Geraint.
Trwy garedigrwydd Alun Williams

Jac Williams a Gary Ellis o
Gaernarfon gyda Luke Rowe.
Trwy garedigrwydd Alun Williams

Clwb Egni gyda Dave Brailsford, a'i grys Llanbabo.
Trwy garedigrwydd Alun Williams

Geraint yn cwrdd â'i gefnogwyr cyn cychwyn cymal.
Trwy garedigrwydd Alun Williams

Geraint yn rasio heibio cornel Cymru ar yr Alpe d'Huez.

Trwy garedigrwydd Alun Williams

Syr Dave Brailsford a
Geraint – a'r Ddraig
Goch, wrth gwrs!
© Russ Ellis

Geraint yn barod ar
gyfer yr Alpau.
Trwy garedigrwydd Alun
Williams

Tîm Sky.
© Russ Ellis

Does dim ffordd drwodd i seiclwyr Sky!
© Russ Ellis

Dau gyfaill, Froome a G, yn croesi'r llinell derfyn, fraich ym mraich.

Ar ben y byd ar y podiwm.

Wyn Gruffydd.
© S4C / Huw John

Peredur ap Gwynedd,
y sylwebydd seiclo a'r
gitarydd roc.
© Paul Archer

Peredur yn taclo dringfa
enwog La Madone d'Utelle
ger Nice yn yr Alpes-
Maritimes.
© Zeitgeist (*Prosiect*, S4C)

1,60 € lundi 30 juillet 2018 73° année N° 23.379 France métropolitaine ✆ @lequipe

LE PRINCE DE GALLES

TOUR DE FRANCE 21e étape Houilles – Paris

À trente-deux ans, Geraint Thomas remporte son premier Tour de France au terme d'une course maîtrisée de bout en bout. Le premier Gallois vainqueur du Tour permet à son équipe, Sky, de s'adjuger son sixième succès en sept éditions. PAGES 2 À 11

TISSOT T-RACE CYCLING
ÉDITION SPÉCIALE TOUR DE FRANCE

T+TISSOT

CHRONOMÉTREUR
OFFICIEL

Tudalen flaen yn cyhoeddi 'Tywysog Cymru'!

yn y blwch sylwebu yn aros am ein hymateb wrth weld Geraint yn croesi'r lein ac yn rhoi'r crys melyn amdano. Wnaeth hynny ddim digwydd. Canodd ei ffôn symudol ac meddai, 'Mae'n ddrwg gen i, fydd dim angen cyfweliad nawr'!"

Diolch i'r Cymro Luke Rowe, a osododd y tempo priodol eto heddiw, fe wnaeth tîm Sky gadw'r *peloton* mewn trefn a chadw Van Avermaet o fewn saith munud. Byddai'r bwlch yn llai oni bai fod Sky wedi gorfod aros i Chris Froome ar ôl cael pynctsiar ar y graean wrth groesi'r Plateau des Glières. Gyda sawl dringfa heriol cyn y disgyniad hir tua'r llinell derfyn, doedd gan neb o blith y ffefrynnau – neu fel hynny roedd hi'n ymddangos – y stumog i ymosod, gan wybod bod dau ddiwrnod caled arall yn yr Alpau i ddod.

Meddai Wyn eto: "Fel rheol, fyddai dim disgwyl i Luke Rowe fod mor amlwg ar flaen trên Sky i fyny i gyfeiriad y Plateau des Glières. Ond yno yr oedd e, yr holl ffordd i fyny'r mynydd. Rhyfeddol, ond fe reolodd y tempo ac o wybod – am wn i – nad oedd neb o'r ffefrynnau, yn ei iawn bwyll, yn mynd i ymosod (neu 'losgi eu matsys', chwedl Rheinallt) gyda rhyw

50 cilometr i ddod cyn y ddringfa nesa i fyny'r Col de Romme.

"Mae Greg Van Avermaet yn dal mewn melyn, felly – ac yn haeddu bod yna. Gwerth nodi bod pwy bynnag sydd mewn melyn ar ddiwedd y cymal cyntaf yn y mynyddoedd ers 2012 wedi ennill y Tour!"

Ond roedd deuddydd mawr i ddod yn y mynyddoedd, ac roedd y ras am gael ei throi ar ei phen.

Cymal II

18 Gorffennaf

Albertville i La Rosière Espace San Bernardo

108.5km

Yn y flwyddyn 247cc, mae'n debyg i Hannibal basio drwy La Rosière wrth groesi'r Alpau ar ei ffordd i Rufain.

"Os yw Chris Froome am ymosod, dyma ei gyfle gorau," meddai Wyn Gruffydd. "Mae'r gallu ganddo i ennill tair munud yn ôl, fel y gwelson ni yn y Giro d'Italia. Mae e wedi ennill y Tour de France bedair o weithiau; mae e wedi ennill y tair ras Grand Tour ddiwethaf. Ond yng nghefn y meddwl, ac yn cosi fel hen grachen sy'n gwrthod gwella, mae Geraint wastad yn cael *un jour sans*, sef diwrnod i'w anghofio. Dwi'n ofni taw 'polisi yswiriant' rhag i Froome gloffi yw Geraint o hyd. Bechod!"

Y gwahaniaeth pennaf rhwng Cymalau 10 ac 11 yw y bydd rhaid i dîm Sky weithio'n galed i dorri ysbryd y timau eraill rhag iddyn nhw ymosod. Doedd yna ddim perygl i hynny ddigwydd ddoe ar gymal oedd dros 50 cilometr yn hwy na'r un heddiw. Hawdd oedd rheoli'r tempo. Heddiw, bydd angen cadw'r tempo'n uwch pan fydd hi dipyn llai cysurus yn y *peloton*.

Gyda'r ail ddiwrnod ym mynyddoedd uchel yr Alpau roedd angen i Geraint wneud ei farc ar y Tour os oedd am gael ei gymryd o ddifrif. Ymysg y dringfeydd yn y cymal yma roedd y Col de Bisanne a'r Col du Pré. Hyd yma roedd wedi seiclo'n geidwadol, gan gadw o'r golwg. Y cymal hwn oedd ei gyfle ac yntau mewn safle da am y crys melyn. Ac fe wnaeth hynny mewn steil. Roedd wedi seiclo'r union gymal hwn yn y Dauphiné ychydig wythnosau ynghynt, ac roedd yn barod am yr her eto.

Fe gollodd Van Avermaet y crys melyn ar ôl ei wisgo am wythnos, ac er bod rhai yn credu y gallai Geraint gymryd y crys oddi arno, ychydig iawn oedd wedi dyfalu y byddai hefyd yn ennill y cymal. Yn union fel ar y Critérium du Dauphiné fe welwyd Thomas yn ymosod tua naw cilometr o'r copa yn La Rosière, gan adael grŵp o ffefrynnau fel petaent yn sefyll yn eu hunfan.

Gadawodd Geraint ei wrthwynebwyr wedi'u gwasgaru ar hyd llethrau'r Cormet de Roselend a La Rosière wrth iddo ddringo'n gryf. Roedd Mikel Nieve, cyn-aelod o dîm Sky, bron â chyrraedd y llinell derfyn ar ôl bod yn rhan o'r ddihangfa. Roedd Tom Dumoulin wedi ceisio torri'n rhydd ac am gyfnod roedd wedi llwyddo. Yna, tynnodd Geraint yn rhydd o'r criw dethol oedd yn erlyn. Daliodd Dumoulin i gyd-seiclo gydag e am dipyn ond allai e ddim cynnal curiad pedalau'r Cymro. Yna, neidiodd Geraint ymlaen gyda'r fath bŵer a chyflymder fel y daliodd Nieve, y Sbaenwr a chyn-bartner iddo yn nhîm Sky, a hedfan heibio iddo i goroni buddugoliaeth nodedig. Roedd Froome wedi chwarae ei ran yn ceisio atal y lleill rhag erlid Geraint hefyd. Ond, yn amlwg, ni allai aros yn agos i Geraint, a groesodd yn edrych mor gyfforddus.

Fe fethodd cewri'r gwibwyr, Mark Cavendish a Marcel Kittel, â chyrraedd y llinell derfyn mewn amser, ac felly roedd yn rhaid i'r ddau orfod gadael y ras.

Yn ôl Rhodri Gomer:

"Roedd nifer o sylwebwyr yn cymharu perfformiad Geraint gyda Simon Yates yn y Giro d'Italia eleni, pan fu Yates yn arweinydd am ddyddiau gan ennill cymalau yn y mynyddoedd. Ond yn y diwedd fe wthiodd yn rhy galed a cholli amser mawr i Froome. Ond roedd Geraint wedi rasio'n ddoeth trwy gydol y ras hyd yma, ac yn yr Alpau pan oedd yn rhaid rasio am y cymal, fe wnaeth rasio yn galed i ennill. Ond eto, dim ond gwneud beth oedd raid ei wneud, ar yr amser oedd raid."

Ar ddiwedd y ddringfa 1,885 metr fe groesodd Geraint y llinell ugain eiliad o flaen Chris Froome a Tom Dumoulin, ac ar ôl y cymal roedd ganddo fantais o 1 funud 25 eiliad dros Froome yn yr ail safle. Mae Dumoulin bellach yn ôl yn drydydd, 1.44 munud ar ei ôl. Roedd yn y melyn ac wedi gwneud ei farc, ond eto, beth ddigwyddodd y tu ôl iddo oedd yn arwyddocaol yn y frwydr i ennill y ras. Dyma'r tro cyntaf i Geraint wisgo'r crys melyn roedd wedi ei gipio'r tro cyntaf yn y cymal yn erbyn y cloc yn Düsseldorf yn 2017.

"Mi fyswn wrth fy modd aros ar y podiwm cyn hired â phosib, ond ein blaenoriaeth ydi ennill, a Froome ydi'n cyfle gorau gan fod dal hanner y ras i fynd," meddai Geraint Thomas ar y llinell derfyn mewn cyfweliad. "Bachu cyfle oedd fy ymosodiad, greddf yn fwy na dim, pan oedd Kwiatowski wedi gorffen tynnu ar y blaen. Roedd hynna'n golygu y gallai Froome fy nilyn, tra medrwn i neidio draw at Dumoulin, a'i ddefnyddio i fy nhynnu am dipyn, felly roedd hi'n sefyllfa berffaith."

Dangosodd Geraint fod ei sgiliau diplomyddol cystal â'i sgiliau rasio, a'i fod yn medru llywio trwy'r cwestiynau anodd oedd yn ceisio creu rhwyg yn nhîm Sky. Gwenu trwy'r holl holi wnaeth Geraint:

"Dwi'n sicr ddim am beidio rasio a cholli amser, ond rydyn ni mewn sefyllfa arbennig. Ac mae hyn yn sefyllfa newydd i mi, i fod yn rasio ac yn arwain am dair wythnos. Ond eto mae'n sefyllfa ddelfrydol i ni fel tîm a gobeithio bydd hynny'n parhau am gyfnod hir."

Meddai Dewi Owen:

"Dyma'r tro cyntaf i ni weld Geraint yn creu bwlch a bachu eiliadau sylweddol. Fe newidiodd popeth ar y cymal yma, a fe nawr oedd y ffefryn."

Fe welodd un o'i gyd-sylwebyddion, Peredur ap Gwynedd, arwyddion arwyddocaol y prynhawn hwnnw yn yr Alpau:

"Rown i'n gwylio'r cymal gan edrych yn agos

ar Froome," meddai Peredur. "Ar y ddringfa olaf fe gododd o'r cyfrwy, a dyw e byth yn gwneud hynny. Does dim angen iddo fel arfer, unrhyw dro arall mae'n ddigon cryf. Ond yn amlwg doedd y pŵer ddim ganddo, ac fe welson ni'r bwlch cyntaf yn ei len haearn fel pencampwr."

Fe ymdrechodd Chris Froome i egluro beth ddigwyddodd:

"Mae Geraint yn rasio ar ei orau ac mae'n haeddu hyn yn llwyr. Gwych. Yr ymosodiad oedd y dewis cywir i'w wneud gan Geraint. Mi wnes i adael iddo fynd achos rown i'n gwybod bod y pwysau wedyn ar weddill y criw i'w erlid. Doedd hynny ddim wedi ei drefnu o flaen llaw, ond roedd yn gwneud synnwyr, yn ymosodiad perffaith a doedd dim rhaid i ni siarad gyda'n gilydd chwaith."

Ond pwysleisio mai Froome oedd yr arweinydd roedd Geraint:

"Mae Froome yn gwybod sut mae ennill ras tair wythnos, felly fe sydd yn dal yn arweinydd. I mi, beth bynnag sydd yn digwydd o hyn ymlaen, mae wedi bod yn daith lwyddiannus i mi. Mae'n brofiad anhygoel i ennill y cymal a gwisgo'r crys melyn eto. Dyna sut dwi'n teimlo. Gall rhai ateb cwestiynau a rhoi stori PR wag, ond dwi jyst yn ei dweud hi fel y mae, a dyna sut mae hi. Froome yw'r arweinydd."

Dylai'r ras yma i La Rosière fod yn ddiddorol petai ond am sylw Geraint yn dilyn digwyddiad bach gyda Bardet ar y La Rosière:

"Dwi ddim yn un i ddal dig, ond yn sicr wna i ddim anghofio chwaith."

Dyna oedd geiriau Geraint, ond roedd y gwir sefyllfa ar y ffordd yn gwbl wahanol. Roedd y cymal nesaf, un o'r rhai mwyaf eiconig yn holl hanes y Tour, yn mynd i brofi hynny.

Mae Gareth Rhys Owen yn cofio diwedd Cymal 11 yn glir:

"Doedd dim newid yn Geraint tan y cymal i La Rosière, roedd yn gyfforddus yn ei groen, ac er ei fod yn gymeriad addfwyn, nid oherwydd ei fod yn llai hyderus oedd hynny. Roedd ein pwynt sylwebu eitha pellter o'r llinell derfyn ar y ddringfa yma, felly fe wnes i orfod rhedeg i fyny'r allt i gyrraedd yno i ddal diwedd y cymal. Roedd llai o ohebwyr yno oherwydd hynny ond ro'n i'n medru clywed sylwebaeth radio'r ras yn Ffrangeg wrth nesáu ac roedd gen i ddigon o'r iaith i ddeall bod Geraint yn closio at Nieve, yn ei ddal ac yna yn ei basio. Fe enillodd y cymal ac edrych mor gryf.

"Ro'n i'n rhyfeddu, ac roedd elfen gref o anghrediniaeth hefyd fod Cymro wedi ennill cymal yn yr Alpau. Ar y diwedd fe sylwais i ar newid yn ei osgo, a'r ymateb ganddo. Roeddwn i wedi ei holi pan enillodd y fedal aur Olympaidd yn Llundain yn 2012. Yr adeg honno oedd penllanw pedair blynedd o waith, felly roedd disgwyliad ac roedd ryddhad. Y tro hwn yn yr Alpau doedd dim cymaint o ddisgwyliad, ond roedd ryddhad, er ddim cymaint.

"Rwy'n cofio cwpwl o bethau'n glir am ddiwedd y cymal a wnaeth aros yn fy nghof, a chreu argraff. Ar ddiwedd pob cymal rhaid i'r enillydd dreulio tua thri chwarter awr yn gwneud cyfweliadau radio a theledu a'r wasg, ac mae trefn bendant i hyn wrth i'r crys melyn gerdded ar hyd y llinell o ohebwyr yn ateb eu cwestiynau yn eu tro. Ond roedd aelod o'i dîm yn cario cadair iddo, fel ei fod yn eistedd ar gyfer pob cyfweliad. Fe oedd yr unig un oedd yn gwneud hyn. Ond, wrth gwrs, felly yn arbed sefyll am dri chwarter awr.

"Rydyn ni wedi dod i adnabod ein gilydd yn eithaf da dros y blynyddoedd, ac ar yr un diwrnod hwnnw roedd Sam Warburton wedi cyhoeddi ei ymddeoliad. Felly fe wnes i sôn am hynny wrth Geraint, gan fod y ddau wedi bod yn yr un ysgol. A rhywsut roedd Geraint yn gwybod am hyn, er ei fod wedi bod yn seiclo trwy'r dydd. Roedd mor gyfforddus ac wedi ymlacio, er buddugoliaeth fwyaf ei yrfa hyd hynna.

"Ar ôl y cyfweliadau yna dyw'r dyletswyddau ddim ar ben i'r crys melyn o bell ffordd. Rhaid gwneud y prawf cyffuriau a mynychu'r gynhadledd i'r wasg i ateb mwy o gwestiynau. Ond fe wnaeth Geraint fynd ar ei feic i'r gynhadledd i arbed cerdded. Ar y ffordd fe welodd ddau blentyn ar ochr y ffordd, ac fe arhosodd wrth eu hymyl i gael sgwrs a thynnu llun. Nid pawb fyddai wedi gwneud hynny ac angen paratoi ar gyfer diwrnod arall yn yr Alpau."

Ac mae Wyn Gruffydd yn crynhoi ei deimladau fel hyn:

"Wna i fyth anghofio'r boddhad amlwg a'r gorfoledd wrth i'r camera dynhau at Geraint Thomas ac yntau'n curo'i frest wrth iddo groesi'r lein ar derfyn Cymal 11 o'r Tour de France i La Rosière yn 2018. I fi, dyna'r foment y teimlais i am y tro cynta y gallwn i weld Geraint Thomas ar ris ucha'r podiwm ar y Champs-Élysées ymhen chydig dros wythnos. Y foment honno fe welais i drwy lygad y cof y crwtyn deg oed wnaeth gymryd ei gamau cyntaf ar feic cwmni GIANT benthyg ar nosweithiau Mercher trac y Maendy yng Nghaerdydd. Crwtyn bach ym mro ei freuddwydion. Does bosib nawr ei fod e o fewn dyddiau i'w awr fawr a gwireddu ei freuddwyd."

Cymal 12

19 Gorffennaf
Bourg-Saint-Maurice Les Arcs i'r Alpe d'Huez
175.5km

Dyma'r trydydd diwrnod yn olynol yn yr Alpau, a hon fydd yr her fwyaf eto. Roedd yn rhaid taclo 65km o ddringo caled, gan wynebu dringfeydd y Col de la Madeleine, yna'r Col de la Croix de Fer, gyda'r ddwy yn 2000 metr o uchder. Mae hynny fel seiclo i gopa'r Wyddfa bedair gwaith, cyn troi at yr Alpe d'Huez ei hun, gyda'r ddringfa 1850 metr yn cynnwys 21 tro serth wrth i'r ffordd godi'n igam ogam. Felly, roedd 65km o ddringo ar y cymal ac nid yw'r Tour yn dychwelyd yno bob blwyddyn – am resymau amlwg!

Nodwedd o'r ddringfa olaf yma yn arbennig ydi fod y cefnogwyr yn sefyll ysgwydd wrth ysgwydd ar ochr y ffordd ac yn mynd yn beryglus o agos i'r seiclwyr. Mae un yn gwthio Froome, a strap camera cefnogwr arall yn bachu ym meic Vincenzo Nibali, enillydd y Tour yn 2014. Mae anafiadau o'r ddamwain yn ei orfodi yntau i dynnu allan o'r ras. Enw mawr arall allan felly, a Nibali yn un o'r criw dethol sydd wedi ennill pob un o'r tri Grand Tour.

Ar y ddringfa olaf mae'r ffefrynnau – Thomas, Froome, Dumoulin a'r Ffrancwr, Romain Bardet – yn ymladd yn erbyn ei gilydd, a neb arall yn agos. Ceisia Froome dorri'n rhydd ond dyw'r nerth ddim ganddo. Glyna Geraint fel gelen wrth olwyn gefn Dumoulin gan adael iddo yntau wneud y gwaith caled. Enghraifft arall o rasio doeth gan Geraint. Wedi ymladd yr holl ffordd i fyny mae'r pedwar, mewn un criw dethol, yn nesu at y llinell derfyn. Ar y gornel olaf fe ddengys Geraint ei gyflymder mewn gwib a'i nerth ond hefyd ei brofiad rasio, wrth ddefnyddio'r tro olaf i'w fantais.

Yr hyn wnaeth Geraint ar y gornel olaf oedd mynd ar y tu fas, a defnyddio'r cyflymder ac yna dorri mewn llinell syth trwy big yr hanner cylch ac roedd hynny yn helpu iddo daflu ei hunan ymlaen at y llinell derfyn.

Mae Wyn Gruffydd wedi bod yn ei wylio'n rasio ar y trac ers pan oedd Geraint yn ei arddegau cynnar.

"Meddylfryd y trac rasio a'r profiad yna welwyd ar yr Alpe d'Huez," meddai Wyn mewn rhyfeddod.

Cwyd Geraint ei law yn fuddugoliaethus ac yn y lluniau gwelir Dumoulin y tu ôl iddo gyda'i ben yn isel, wedi ymlâdd yn llwyr. Geraint yw'r Prydeiniwr cyntaf i ennill ar y ddringfa enwog. Felly, roedd yr arwyddion yn addawol. Yn draddodiadol, pwy bynnag sydd yn curo'r cymalau yn yr Alpau, y dringfeydd cyntaf, sydd yn gorffen ar y copaon yn y mynyddoedd, sydd yn curo'r ras.

"Fyth, hyd yn oed yn fy mreuddwydion, y gwnes i feddwl y byswn yn ennill ar yr Alpe d'Huez," meddai Geraint ar ddiwedd y cymal. "Dwi ddim yn meddwl am y diwedd, wir, dwi ond eisiau mwynhau'r fuddugoliaeth yma. Mae'n anghredadwy, a dweud y gwir. Fedra i ddim credu hyn. A dwi o ddifri pan dwi'n dweud mai Froome yw'r arweinydd yn dal i fod oherwydd fe sydd yn gwybod sut mae rasio am dair wythnos. Cofiwch, mi fedra i gael diwrnod gwael a cholli deg munud. Dwi ond am fwynhau fory ar hyn o bryd achos roedd hi'n anodd mwynhau heddiw, roedd e mor galed.

"Dwi ddim yn gwybod a fedra i gadw'r lefel yma

o berfformiad am dair wythnos gyfan eto. Dwi'n
gobeithio y medra i, ac am y naw diwrnod cyntaf
wnes i ddim llawer. Dyna pam mai Froome ydi'n
harweinydd ni achos mi fedrwch ddibynnu arno i fod
yn gyson. Ond mae'n safle gwych i ni fod ynddo ac yn
rhoi carden arall i ni i'w defnyddio os bydd angen."

Tra bod geiriau Geraint wedi eu dewis yn ofalus,
roedd realiti safleoedd y pump cyntaf, a'r bylchau
amser rhyngddyn nhw, yn awgrymu naratif gwahanol.
Gwrthododd Froome roi cyfweliad ar ddiwedd y
cymal. Dau arall i golli amser oedd Nairo Quintana,
y dringwr cryf o Golombia, a Dan Martin, y ddau
roedd disgwyl i'w nerth ar y dringfeydd roi cyfle am
fuddugoliaeth iddyn nhw.

Roedd Geraint felly wedi cryfhau ei afael ar
y melyn, ac yn dangos bellach fod y sgiliau i gyd
ganddo, a'r lwc i gyd hefyd. Bellach mae mantais
Geraint dros Froome, sydd yn ail, yn 1 funud 39
eiliad, ac 1 funud 50 eiliad dros Dumoulin sydd yn
drydydd. Primož Roglič, y cyn-neidiwr sgio, sydd yn
bedwerydd, wrth i Nibali orfod gadael. Ef yw'r cyntaf
i ennill ar yr Alpe d'Huez wrth wisgo'r crys melyn.
Bydd y Cymro yn rhan o hanes y Tour am byth. Yn ôl

y sylwebydd seiclo, Ned Boulting, Geraint yw'r 'real deal'. Ac meddai Peredur ap Gwynedd:

"Unwaith eto, fel y cymal y diwrnod cynt, roedd Froome i'w weld yn stryglo, ac roedd yn codi allan o'r cyfrwy sawl gwaith ac yn methu cael y pŵer arferol. Roedd yn amlwg nad oedd y coesau ganddo ac roedd yn methu ymosod ar Geraint yn y crys melyn."

Cafodd sawl un sioc o weld cornel y Cymry ar y ddringfa eiconig, a sylweddoli gymaint oedd y dilyniant o Gymru bellach i'r Tour de France. Ond roedd y cynllun o greu a sefydlu'r gornel wedi bod ar y gweill ers amser. I'r Cymry yn yr Alpau dyma'r cymal y buon nhw'n breuddwydio amdano. Ers blynyddoedd mae yna gornel ar ddringfa'r Alpe d'Huez sydd wedi ei henwi yn 'Cornel yr Iseldiroedd' gan fod cynifer o gefnogwyr seiclo o'r wlad honno yn ymgynnull yno, yn gosod baneri, yn peintio'r ffordd a chael parti swnllyd trwy'r dydd.

"Yn 2014 pan ddaeth y Tour of Britain i Ogledd Cymru a gorffen un cymal yn Llanberis, mi gafodd un o'r clybiau lleol y syniad o gael cornel Cymru ar y ffordd i fyny am Pen y Pass. Tua tair mlynedd yn ôl gyda'r ras yn dychwelyd i'r Alpe d'Huez, roedd yn gyfle perffaith i gael Cornel y Cymry. Erbyn eleni roedd wedi tyfu eto, a chlybiau o Dde Cymru wedi dod â baneri anferth efo llunia o Geraint."

Dyna gofia Alun Williams, aelod o glwb seiclo Egni o Gaernarfon, sydd wedi bod yn dilyn y Tour yn Ffrainc ers blynyddoedd:

"Roedd pump ohonan ni wedi mynd allan yn gyntaf, gan wersylla yn Annecy, ac roedd brawd Dave Brailsford efo ni, a'i ffrind gora. Wrth i'r ras fynd yn ei blaen bydda gohebwyr a chriwia teledu o wahanol wledydd yn dod i'n holi a gofyn sut i ynganu Geraint gan rowlio'r r yn gywir. Roedd hi'n brofiad anhygoel bod yn Ffrainc haf yma."

Roedd cefnogwyr o Gymru wedi dod â sawl baner gyda nhw, gan gynnwys un gyda darlun ohono yn ennill medal aur yng Ngemau'r Gymanwlad yn 2014.

Rheolwr hawliau'r Tour, a'r un a fu'n gefnogol i gais S4C i sicrhau i'w ddarlledu yn y Gymraeg o'r cychwyn, yw Cédric Rampelberg. Roedd e'n teithio yn un o geir swyddogol Le Tour, y ceir Skoda coch sy'n rhan o'r *peloton*, pan welodd yr olygfa am y tro cyntaf yn hanes y ras.

"Roedd yn goblyn o syrpréis gweld yr holl liwiau

coch a gwyrdd yn ymddangos ar un cornel, hyd yn oed yn fwy o weld baner Draig Goch fawr yn eu canol!" meddai Cédric. "Wrth gwrs, nid dyma'r tro cyntaf i fi weld amrywiaeth o liwiau ar ffyrdd y Tour de France, ond roedd y fath gasgliad gyda'i gilydd ar fwlch ffordd mor chwedlonol yn drawiadol iawn ac yn olygfa wna i fyth anghofio."

A rhaid nodi bod sawl chwedl am ddreigiau yn byw ym mynyddoedd uchel yr Alpau. Yn sicr, roedd nifer o ddreigiau i'w gweld yno yn ystod y cymal hwn!

"Ond y tu hwnt i'r lliwiau prydferth ac awyrgylch anhygoel y cefnogwyr o Gymru, dyna'r adeg y sylweddolais am y tro cyntaf y gallai rhywbeth ddigwydd o ddifrif, ac y gallai Geraint Thomas ennill y Tour de France," meddai Cédric. "Dyna pryd, i mi, y newidiodd Geraint o fod yn un o'r nifer o rai a fedrai ennill y Tour, efallai, i fod yn un â chyfle arbennig i fod yn gwisgo'r crys melyn ar y Champs-Élysées. Dwi'n meddwl bod Geraint yn gweld ei hun fel symbol ac y gallai'r cefnogwyr yma o Gymru, a oedd yn frith ar y ddringfa, helpu i'w wthio i'r eithaf i sicrhau buddugoliaeth fwyaf ei yrfa. Yn union fel y gwna cefnogwyr Cymru trwy ganu yn ystod gemau rygbi'r chwe gwlad a gemau pêl-droed rhyngwladol."

Teimladau o ryfeddod oedd gan drefnydd y Tour, Christian Prudhomme, hefyd wrth iddo deithio mewn car arall ar flaen y *peloton*. Fe sylweddolodd fod pennod newydd yn hanes y ras yn digwydd ar y ffordd ac o amgylch y ffordd, gan gyfrannu i hanes cyfoethog y ras.

"Yr hyn wnes i sylwi arno yn gyntaf oedd y llythyren 'G' wedi cael ei pheintio ar y ffordd i fyny'r Alpe d'Huez," meddai Prudhomme. "Fe gymerodd ychydig eiliadau i fi sylweddoli bod hyn yn cynrychioli Geraint Thomas. Felly, nid oedd yn syndod gweld cynifer o gefnogwyr o Gymru wedi tyrru at ei gilydd ar un o gorneli'r Alpe d'Huez. Fe wnaeth hyn gadarnhau i mi'r balchder sydd yn dod o weld rhywun o'r un wlad â chi yn gwisgo'r crys melyn, a'r holl angerdd a ddaw yn sgil hynny.

"Mi wnaeth hyn ddod ag atgofion plentyndod yn ôl i mi o gyfnod arbennig rygbi Cymru yn y chwedegau hwyr a dechrau'r saithdegau pan oedd Barry John a Gareth Edwards yn eu hanterth a'r awyrgylch arbennig yna oedd ym Mharc yr Arfau. Ac mi wnes i geisio dychmygu beth oedd yn digwydd yn ôl yng Nghaerdydd y pnawn hwnnw, gyda Chymro yn arwain y Tour de France," ychwanegodd Prudhomme. Roedd yn falch iawn fod Cymro yn arwain y ras.

"Anodd disgrifio sut roedd pawb yn teimlo, deud gwir," meddai Alun Williams. "Ar ôl bod yn seiclo am flynyddoedd, a dilyn y Tour de France am flynyddoedd, roedd pawb wedi ymfalchïo o weld Cymro yn cymryd rhan. A rŵan, o'r diwedd, roedd yna Gymro yn ennill cymal. Y cymal mwyaf eiconig ohonyn nhw i gyd!"

Mae'r golygfeydd yn y munudau olaf ar yr Alpe d'Huez wedi'u serio ar gof Wyn Gruffydd am byth:

"Ar dro 14, a gaiff ei adnabod bellach, gobeithio, fel Cornel Cymru, roedd y Ddraig Goch yn fwy amlwg na'r arfer, a Chymry yn bloeddio'u cefnogaeth. Mor wahanol i fyny'r llechweddau, a'r dorf yn cau o'u cwmpas ac yn culhau'r ffordd, a'r brwdfrydedd heintus yn is i lawr y mynydd yn ildio'i le i gasineb a dicter yn wynebau Chris Froome a Geraint, yn bennaf oherwydd y camddefnydd honedig o Salbutamol yn achos Froome, gyda Geraint yn cael ei amsugno gan chwerwder yn dilyn gafael tyn a meistrolaeth tîm Sky ar y Tour dros y blynyddoedd diweddar. Gwthio a phoeri, ac ambell un yn gollwng ei drowsus, a hyn ar ôl i'r ras gael ei hatal dros dro wrth i'r reidwyr gael eu dallu gan fwg ffaglau tân a daniwyd ar y gwastadeddau.

"Roedd gorsaf sgio Alpe d'Huez o fewn cyrraedd nawr, gydag ond Tom Dumoulin, enillydd y Giro d'Italia yn 2017, ac ail i Chris Froome eto eleni yr unig fygythiad i ddeuawd Sky, fel y buodd e drwy'r bythefnos gyntaf.

"Wnaeth Dumoulin ddim ildio i dempo uchel Sky heddi eto, a dyma fe unwaith yn rhagor yn rhoi Froome a Geraint o dan bwysau.

"Roedd Bardet yno hefyd – Geraint, Froome, Dumoulin a Bardet. Nid lwc oedd i gyfrif bod Geraint wedi cymryd y llwybr lletaf ar y tro olaf 200 metr o'r llinell derfyn. Fe dorrodd y Cymro ei ddannedd ar rasys Critérium ac onid yw e'n berchen ar ddwy fedal aur Olympaidd ar y trac? Crefft y beiciwr trac yn cario'r cyflymdra drwy'r tro ac fe ddaeth y geiriau yn y sylwebaeth: 'Mae'r crys melyn yn dod. Mae Cymru'n dod. Mae Geraint Thomas yn dod!' Bythgofiadwy!"

Geraint yw'r reidiwr cyntaf – heblaw am Lance

Armstrong a welodd ei ganlyniadau ar y Tour yn cael eu dileu oherwydd twyll gwaed – i ennill ar yr Alpe d'Huez gan wisgo'r crys melyn. Geraint, nad yw'n ddringwr wrth reddf, yw'r reidiwr cyntaf mewn 42 mlynedd, ers i Joop Zoetemelk yn 1976 ennill dau gymal gefn wrth gefn ar gopaon y Tour de France.

A yw'r penderfyniad hollbwysig wedi ei gymryd allan o ddwylo Syr Dave Brailsford bellach? A fydd rhaid penderfynu rhwng Froome neu Thomas? Neu ai 'G' yw arweinydd tîm Sky erbyn hyn?

Meddai Wyn Gruffydd eto:

"Pan glywais i fod yna grys-T gyda'r geiriau 'It's Alpe d'Huez, man!' arno, rhaid oedd archebu, er yn wahanol i Geraint, o faint XXL!"

Cymal 13

20 Gorffennaf
Bourg d'Oisans i Valence
169.5km

Bydd trefnwyr y Tour yn ceisio sicrhau bod cyfleon i'r seiclwyr gael rhywfaint o orffwys, a chael cymalau pontio yw'r ffordd o wneud hynny.

Cymal cymharol fyr a gwastad oedd hwn, i bontio rhwng yr Alpau a rhanbarth dyffryn y Rhône, a chyfle i bawb geisio dod dros yr holl ddringo.

Peter Sagan, sydd yn bachu trydydd cymal y Tour yn 2018 a chryfhau ei afael ar y crys gwyrdd, sydd yn cael ei roi i'r seiclwr sydd yn casglu'r nifer uchaf o bwyntiau yn ystod y ras. Doedd dim newid yn y dosbarthiad cyffredinol ar ddiwedd y cymal fflat yma, ac roedd yn gyfle i Geraint ymlacio a chael rhywfaint o orffwys wedi tridiau heriol iawn yn y mynyddoedd.

A bydd Geraint angen pob lwc dros y dyddiau nesaf. Meddai Tommie Collins:

"Mae siŵr o fod elfen o lwc ac anlwc ond eleni, yn sicr, roedd Geraint yn gwneud ei lwc ei hun, a ddim yn dioddef yr un ddamwain."

Cymal 14

21 Gorffennaf
Saint-Paul-Trois-Châteaux i Mende
188km

Roedd hwn yn gymal cymharol wastad am yr hanner cyntaf, gyda'r tirlun am yr hanner olaf yn gyfuniad o ddringfeydd serth ond byr. Roedd yn ddiwrnod hir i'r *peloton* yn seiclo trwy fynyddoedd y Central Massif yn ne Ffrainc. Omar Fraile, y Basgwr o dîm Astana, sydd yn cipio'r cymal, am y tro cyntaf yn ei hanes, a doedd dim newid yn safle yr wyth uchaf. Felly, mae Geraint yn ddiogel yn y crys melyn, a diwrnod arall yn agosach i'r diwrnod gorffwys.

Caiff Geraint a Chris Froome eu herio gan rai yn y dorf. Dyw tîm Sky ddim yn boblogaidd iawn ymysg y Ffrancwyr. Fyth ers i Bradley Wiggins, i dîm Sky, ennill y Tour de France yn 2012, mae agwedd negyddol wedi bod yn amlwg ymysg y cyhoedd wrth iddynt rasio. A gan fod tîm Sky wedi ennill pump o'r chwech Tour diwethaf, cynyddu wnaeth y feirniadaeth.

Cymal 15

22 Gorffennaf
Millau i Carcassonne
181.5km

Ar gychwyn y cymal mae ffrae rhwng yr Eidalwr, Gianni Moscon, sydd yn aelod o dîm Sky, ac Elie Gesbert, seiclwr o un o dimau Ffrainc, Fortuneo-Samsic, ac mae'n ffyrnigo cymaint nes i Moscon daflu dwrn i wyneb Gesbert.

Mae Moscon yn cael ei wahardd o'r ras ar ddiwedd y cymal gan y trefnwyr, ac mae hyn yn ergyd i obeithion tîm Sky a Geraint, gan fod ganddyn nhw un aelod yn llai ar gyfer wythnos olaf y Tour. Mae Moscon wedi ei wahardd yn y gorffennol ac wedi cael ei gyhuddo o wneud sylwadau hiliol am seiclwr arall.

Magnus Cort enillodd y cymal, ac nid oes unrhyw newid yn y drefn ymysg arweinwyr y ras. Unwaith eto mae aelodau tîm Sky yn cael eu bwio gan rai yn y dorf.

"Tydi hyn ddim yn sefyllfa ddelfrydol achos dyma yw uchafbwynt fy ngyrfa i," meddai Geraint wrth edrych yn ôl ar Gymal 15. "Mae'n anrhydedd enfawr i fod yn gwisgo'r crys melyn ac mae wedi bod yn ras anhygoel hyd yma. Mae yna gryn dipyn o sylwadau ac agweddau negyddol wedi bod tuag aton ni yn y tîm, ond mae'n rhaid cadw'n gryf yn eich pen, a bwrw mlaen. Fel hyn dwi'n ystyried y sefyllfa. Byddai'n llawer gwell gen i fod yn y crys melyn, yn cael y ras orau erioed a chael pobl yn gweiddi a bwio, yn hytrach na chael fy ngadael ar yr allt gyntaf a phawb yn eich cymeradwyo."

Froome sydd wedi gorfod ysgwyddo'r bwio gan mwyaf, ond daeth Geraint yn darged hefyd yn y Tour yn 2018. Ond roedd yn drawiadol sut roedd llawer yn cymeradwyo Geraint, ond yn bwio Froome, wrth i'r ras ddatblygu. Mae'r Ffrancwyr yn hoffi gweld wyneb newydd yn ennill y ras, ac mae Geraint wedi bod yn ffigwr poblogaidd yn y *peloton* erioed.

23 Gorffennaf

Diwrnod o orffwys

Yn dilyn yr ail ddiwrnod o orffwys ar y dydd Llun, nawr roedd camerâu'r byd yn cael eu hoelio ar Geraint Thomas. Roedd cannoedd yno, yn Carcassonne, yn ceisio ei holi. Yn y gynhadledd i'r wasg eisteddodd ochr yn ochr â Chris Froome, ac er y pwysau a'r holi caled, roedd hi'n amlwg fod y ddau yn ffrindiau da. Roedd y Cymro fel petai'n mwynhau'r holl sylw, a'i safle fel arweinydd. Ond fe lwyddodd Rhodri Gomer, oedd wedi mynd yn ôl i Ffrainc i holi Geraint ar gyfer y rhaglenni *Seiclo* a *Heno* ar S4C, i sicrhau cyfweliad arbennig gyda'r Cymro.

"Dros y blynyddoedd," meddai Rhodri, "mae tîm Sky wedi dod i'n hadnabod ni fel criw teledu, ac i ymddiried ynddon ni hefyd. Mae gyda ni berthynas dda ar ôl bod yn ei ffilmio ar y Tour ers pedair blynedd. Ar y diwrnod gorffwys felly, dim ond gorsaf newyddion Sky ac S4C gafodd gyfweliad gyda

Geraint, y tu allan i'r gynhadledd i'r wasg lle roedd pawb. Yn amlwg roedd llawer ganddo ar ei blât ond doedd e ddim yn ymddangos ei fod ar frys o gwbl, ac roedd ei agwedd mor broffesiynol am y deg, pymtheg munud y buon ni'n ei ffilmio.

"Yr unig beth roedd Geraint am siarad amdano oedd y diwrnod nesaf, yfory, yfory. I fi roedd yn edrych yn gwbl hamddenol a chyfforddus ac roedd tinc hyderus iawn yn ei lais. Roedd e'n amlwg yn mwynhau'r profiad o fod yn y crys melyn. Ond hyd yn oed y diwrnod yna, prin oedd y rhai oedd yn rhoi cyfle gwirioneddol iddo i ennill. Ar ôl y cyfweliad, ac o gofio sut roedd e pan holais i e cyn cychwyn y Tour, roeddwn i'n gwbl sicr y byddai'n ennill.

"Roedd Sara, ei wraig, wedi mynd i ymuno ag e, ac roedd hi'n arfer gweithio gyda ni ar y rhaglen *Seiclo*. Ond roedd hi'n dweud na fedrai wylio'r rhaglenni byw ac mai dim ond y rhaglen uchafbwyntiau ar S4C y byddai hi'n eu gwylio. Mae Geraint yn edrych yn dda, mae'n gryf, meddai hi.

"Ond roedd ei ffocws yn gyfan gwbl ar un cymal ar y tro, a fyddai byth yn edrych ymlaen yn bellach na hynny. Roedd yn gwrthod cydnabod y gallai ennill hyd yn oed, er bod y crys melyn ganddo a mantais o funud a hanner a mwy ar y gweddill. Ond, wrth gwrs, roedd wedi profi yn yr Alpau ei fod yn gryfach na Froome."

Dyna Geraint yn dangos ei gymeriad unwaith eto, a'i deyrngarwch i'r rheiny oedd wedi ei gefnogi dros y blynyddoedd.

Cymal 16

24 Gorffennaf
Carcassonne i Bagnères-de-Luchon
216km

Mae'r cymal ar ôl y diwrnod gorffwys yn mynd â'r Tour yn ôl i'r mynyddoedd, a'r Ffrancwr Julian Alaphilippe sydd yn bachu'r fuddugoliaeth, ei ail yn y ras. Mae hefyd yn cryfhau ei afael ar y crys polca dot coch, sydd yn cael ei wisgo gan Frenin y Mynyddoedd – y seiclwr sydd yn casglu'r nifer uchaf o bwyntiau yn y mynyddoedd. Ond roedd Adam Yates, un o'r efeilliaid talentog sydd gyda thîm Mitchelton-Scott, ar y blaen nes iddo golli rheolaeth a disgyn ar gornel gas wrth nesu at y terfyn.

Does dim newid yn y drefn ar ddiwedd y cymal. Mae Geraint yn parhau ag 1 funud 39 eiliad o fantais dros Chris Froome, sydd yn ail.

Cymal 17

25 Gorffennaf
Bagnères-de-Luchon i Saint-Lary-Soulan, Col du Portet
65km

Bob blwyddyn fe fydd trefnwyr y ras, sef cwmni ASO (Amaury Sport Organisation) yn ceisio amrywio'r cwrs gymaint â phosib, a hefyd yn cadw golwg ar elfennau o'r cwrs a'r cydbwysedd rhwng y cymalau yn erbyn y cloc a'r rhai o ddringo yn y mynyddoedd. Eu nod, ar un llaw, yw sicrhau bod yr enillydd yn gryf ym mhob un o'r elfennau craidd, ond hefyd eu bod yn amrywio'r ras ar gyfer y gwylwyr sydd ar y cwrs ac yn gwylio yn eu miliynau ar y teledu.

Ac ar gyfer 2018 roedd y trefnwyr wedi llunio cymal unigryw. Yn gyntaf, roedd yn fyr, yn fyrrach na phob cymal ond y rhai yn erbyn y cloc, ac yn ddim ond 65 cilometr. Ond roedd y cwrs bron yn gyfan gwbl yn un o ddringo, tair dringfa galed tu hwnt, gan gynnwys y

Col du Portet sydd yn gorffen ar uchder o 2215 metr. Mae'r Col du Portet yn cynnwys y troadau serth igam ogam wrth ddringo sydd mor heriol, a dim ond yr Alpe d'Huez sydd yn anoddach. Yna roedd yr ugain seiclwr uchaf yn y dosbarthiad cyffredinol yn cael cychwyn yn ôl eu safle yn y ras. Digon tebyg i'r drefn yn rasio ceir Formula 1. Gyda'r dringo yn cychwyn yn syth does dim amser i neb gynhesu felly trefnodd y timoedd fod y beics ar gyfer cynhesu ger y llinell gychwyn. Byddai'r rasio yn debyg o gychwyn yn syth, a gyda Sky wedi colli Moscon, byddai mwy o bwysau ar weddill aelodau'r tîm.

Y seiclwr o Golombia ac o dîm Movistar, Nairo Quintana, sydd yn fuddugoliaethus, gan atgoffa pawb o'i ddawn dringo. Mae'n tynnu bron i funud yn ôl ar amser Geraint, ond ar y diwedd mae Dan Martin yn ail, gyda Geraint yn bachu'r trydydd safle a mwy o amser oddi ar bawb arall. Y Cymro sydd yn dal ar y brig, ac fe gymerodd gam mawr at fuddugoliaeth ar y llethrau ar y pnawn Mercher yma.

Gan fod Froome wedi llithro'n ôl, Tom Dumoulin sydd yn ail, 1 funud 59 eiliad y tu ôl, gyda Froome yn drydydd bellach, 2 funud 31 eiliad ar ei hôl hi. Yna

mae Primož Roglič 2 funud 47 eiliad, gyda Quintana
wedi closio ychydig, er ei fod yn dal i fod 3.30 munud
ar ôl Geraint. Stori wahanol sydd i'r Ffrancwr,
Romain Bardet, ar y cymal. Ers iddo ddod yn ail yn
y Tour yn 2017 mae'r Ffrancwyr wedi gobeithio y
byddai'n ennill. Mae'n llithro'n ôl gan golli amser eto,
a daw'n amlwg fod Froome yn stryglo, ac nad yw'r
nerth arferol ganddo yn ei goesau. Caiff Peter Sagan
ddamwain gas, ond mae'n parhau.

"Ar y Col du Portet, pan enillodd Quintana, fe
wnaeth Froome geisio mynd amdani, ond nid oedd
ganddo unrhyw beth ar ôl yn ei goesau. Dyna'r foment
pan y daeth hi'n amlwg nad y Froome arferol oedd
yn y Tour yn 2018," meddai Rhodri Gomer oedd yn
gohebu ar y cymal.

Mae ei gyd-sylwebydd, Peredur ap Gwynedd, yn
cytuno:

"Ar y Portet fe welsom ni Bernal yn cael ei alw'n ôl
i geisio helpu Froome, ond er iddo godi a cheisio yn
galed doedd y pŵer arferol yna ddim gydag e. Dwi'n
credu mai Froome oedd yr arweinydd gyda thîm Sky
o hyd, ar bapur o leia, tan y Col du Portet pan ddaeth
hi'n amlwg nad oedd y coesau gydag e. Fe geisiodd

ymosod, er bod Geraint yn y melyn ac yn yr un tîm ag e, ond fe fethodd.

"I fi, cadfridog yn helpu Froome oedd Geraint, ac ro'n i'n ofni na fyddai'n ennill, neu ofni na fyddai'n cael ennill. Does dim byd rhamantus o gwbl am dîm Sky nac am Dave Brailsford. Froome oedd i fod i ennill y Tour. Fydde Brailsford, dwi'n ame, heb feddwl am yr un senario arall, er bod cael Geraint wrth gefn yn gwneud synnwyr."

Er nad oedd y canlyniad yn sioc, roedd y parodrwydd i geisio rhywbeth newydd yn sicr wedi creu digon o drafod. Ond ar ddiwedd y cymal roedd Geraint yn dal i fod yn y melyn, ac er bod Quintana wedi tynnu eiliadau yn ôl, roedd ei sefyllfa yn gryfach yn sgil methiant Froome ar y cymal yma. Roedd hwn yn gymal i roi cam mawr tuag at fuddugoliaeth i Geraint. Dim ond damwain neu drychineb o golli ffitrwydd yn llwyr a fedrai ei atal erbyn hyn.

"Dwi'n credu mai'r Portet oedd y ddringfa anoddaf yn y Tour yn 2018, ac fe welson ni Froome yn cracio ond Geraint yn gysurus," meddai Dewi Owen. "Roedd tasg Dumoulin bellach yn amhosib i dorri tîm Sky, a dim ond gorffen oedd angen nawr i Geraint i ennill."

Ond gyda hanes o ddamweiniau gyda Geraint, ni ellid cymryd unrhyw beth yn ganiataol.

Cymal 18

26 Gorffennaf
Trie-sur-Baïse i Pau
171km

Cymal gwastad yw hwn ond gyda bron i dair wythnos o rasio wedi bod, a fyddai'r gwibwyr yn dal i fedru manteisio ar eu cyflymder? Rhaid cofio bod cynifer o'r enwau mawr wedi gorfod gadael oherwydd iddynt fethu cwrdd â'r cyfyngiadau amser yn y mynyddoedd. A gyda Peter Sagan yn dal i ddioddef oherwydd ei ddamwain y diwrnod cynt caiff y Ffrancwr Arnaud Démare o dîm Groupama-FDJ y cyfle i ennill cymal, ei ail yn ystod ei yrfa. Mae Paris yn nesáu i Geraint, ond mae'n dal i ganolbwyntio ar y cymal nesaf yn unig.

"Dwi'n ceisio ei chymryd hi fesul diwrnod," meddai. "Gydag un diwrnod mawr i ddod rydyn ni'n disgwyl y bydd llawer o ymosod arnon ni, a hynny ar bob cyfle, o'r oriau cyntaf i'r Tourmalet, wrth ddringo

a disgyn am y diwedd. Rydyn ni'n dal i seiclo fel tîm
a gobeithio medrwn ni gadw i fynd fel yna tuag at y
diwedd. Os daw cyfle fory mi wna i ei gymryd, wrth
gwrs, ond does dim angen poeni am hynny nac am
geisio ennill mwy o amser. Rydyn ni'n disgwyl i eraill
wneud hynny ac mae'r pwysau arnyn nhw i gymryd
amser oddi arna i. Felly, mi fydd yn rhaid i ni fod yn
wyliadwrus."

Y dringfeydd ar y cymal nesaf fydd cyfle olaf ei
wrthwynebwyr i'w gael i golli amser, ac i roi cyfle i
Dumoulin a Roglič ei drechu yn y cymal yn erbyn y
cloc dydd Sadwrn.

Cymal 19

27 Gorffennaf
Lourdes i Laruns
200.5km

Dyma'r cymal olaf yn y mynyddoedd yn y Tour yn 2018, ac roedd yn cynnwys dringfeydd enwog y Tourmalet, yr Aspin, y Soulor a'r Aubisque. Gyda'r ras yn gorffen ar waelod honno, mae cyfle da i'r arbenigwyr rasio i lawr allt fachu amser.

Yn ôl y disgwyl mae'r enwau mawr yn ceisio eu gorau i roi Geraint dan bwysau, ond er bod Bardet, Landa, Dumoulin a Roglič yn ceisio eu gorau glas, ymestyn ei fantais a wna Geraint erbyn y diwedd. Er bod Roglič yn ennill y cymal dyw hynny ddim yn cael llawer o effaith ar y prif ganlyniad gan ei fod dros dair munud y tu ôl. Mae'n dangos ei ddewrder a'i allu wrth hedfan lawr y ffordd serth, sydd ddim yn syndod efallai o gofio mai sgïwr oedd Roglič cyn troi at seiclo. Dumoulin sydd yn ail yn y ras gyfan, ond mae e 2 funud 5 eiliad y tu ôl i Geraint, gyda Roglič yn drydydd, 2 funud 24 eiliad yn arafach, a Froome yn bedwerydd, 2 funud 37 eiliad ar ei hôl hi.

"Ar y diwrnod yma fe welson ni Froome yn seiclo dros Geraint am y tro cyntaf. Erbyn hyn roedd hi'n dod yn amlwg mai Geraint oedd y cryfaf ac nad oedd Froome nawr am wneud unrhyw beth i beryglu'r fuddugoliaeth i dîm Sky," meddai Peredur ap Gwynedd oedd yn eu gwylio yn Ffrainc. "Dwi'n cofio dweud, mae hyn yn mynd i ddigwydd nawr, Geraint sydd am ennill!"

Erbyn y dydd Gwener roedd miloedd o Gymry wedi tyrru allan i Ffrainc i ddilyn y Tour hanesyddol i Gymru. Roedd gohebydd *Seiclo* S4C, Llinos Lee, hefyd yn ôl yn Ffrainc:

"Roedd bod ar leoliad yn anhygoel, roedd y dorf wedi cyffroi gymaint, ac roedd 'na fflagiau o Gymru ym mhob man. Roedd aelodau o'r criwiau teledu a radio eraill yn dechrau dod lan at ein cerbyd ni yng nghornel y wasg ac yn dweud pethe fel 'Good time to be Welsh' a 'Go, G!' a 'This must be great for you guys'!" meddai.

Llinos fyddai'n cael y cyfle i holi Geraint ar

ddiwedd y cymalau olaf, yn syth ar ôl iddo groesi'r llinell derfyn:

"Yn bendant, roedd Geraint *in control* o'r cychwyn cyntaf. Roedd pethau'n edrych yn dda iddo ond nath e ddim gadael iddo'i hun feddwl am y diwedd. Un cymal ar y tro. 'Nes i ofyn iddo fe, 'Have you got any idea what's going on back home?' Nath e roi gwên enfawr i fi a dweud, 'I'm trying not to think about that' ond yn amlwg roedd e'n gwybod ac yn dechrau meddwl bod ennill yn bosib."

Un o gryfderau Geraint ar y beic yw ei allu yn erbyn y cloc, fel y dangosodd cyn cychwyn y Tour wrth ennill Pencampwriaeth Prydain. Er bod Dumoulin yn gryf ac yn bencampwr byd yn y ddisgyblaeth hon, annhebyg iawn fyddai i Geraint golli cymaint o amser â hynny, yn enwedig ar ddiwedd tair wythnos o rasio caled. Ond roedd rhaid iddo gwblhau'r cwrs heb ddamwain, wrth gwrs. A fyddai lwc Geraint yn parhau tan y diwedd un?

Cymal 20

28 Gorffennaf
Saint-Pée-sur-Nivelle i Espelette
31km

Hwn yw'r cymal olaf o rasio, gan fod traddodiad yn golygu fod y ras olaf ar y dydd Sul yn ddim ond cyfle i'r enillydd ddathlu. Dyma'r cymal pan fedrai bopeth fynd ar chwâl ar y funud olaf. Dyma'r ras unigol yn erbyn y cloc, disgyblaeth y mae Geraint yn brofiadol ynddi ac yn gryf iawn. Fel pencampwr Prydain yn 2018 dangosodd ei safon, ac mewn cymal tebyg yn y Giro d'Italia yn 2017 roedd yn ail i Tom Dumoulin. Er bod disgwyl iddo golli amser i'r gŵr o'r Iseldiroedd, byddai'n rhaid iddo gael damwain neu drychineb fecanyddol iddo golli dwy funud gyfan. Ond roedd y tywydd yn gyfnewidiol a gallai hynny wneud byd o wahaniaeth.

"Dwi'n cofio deffro yn nerfus iawn ar y bore Sadwrn yna," meddai Llinos Lee oedd yn nhref Espelette, tref

107

hardd yng Ngwlad y Basg, fel cannoedd o Gymry eraill, lle roedd y cymal yn gorffen. Roedd hi'n reit dywyll ac oer y tu allan, o'i gymharu â'r tywydd braf a'r tymheredd uchel roedden ni wedi arfer yng Nghymru, ac roedd hi'n glawio'n ysgafn. Dyma beth roedden ni i gyd yn trafod dros frecwast – sut bydd hynny'n amharu ar y cymal a sut bydd Geraint yn ymdopi gyda'r amodau? Roedd pawb yn reit dawel!

"Pan gyrhaeddon ni ganolfan y cerbydau teledu fe aethon ni am dro i ffilmio cefnogwyr. Roedd 'na Gymry ym mhobman. Roedd hi'n haws dod o hyd i Gymry i'w ffilmio'r bore hwnnw yn Ffrainc nag ar stryd fawr Llanelli!" ychwanegodd Llinos. "Roedd pawb yn dweud mai hon oedd y flwyddyn pan fyddai'r Cymro cyntaf yn ennill y Tour de France. Roedd pawb yn llawn gobaith ei fod e'n mynd i ennill y diwrnod yna. Ro'n i wedi siarad gyda Sara, gwraig Geraint, y noson gynt – roedd hi ar bigau'r drain! Nerfau dros y lle i gyd.

"Dyw hi ddim yn gwylio'r daith o gwbl 'nôl adre, rhag ofn bod rhywbeth yn digwydd i Geraint yn ystod y ras," meddai Llinos eto. "Doedd hi ddim chwaith wedi bwcio awyren i Baris, jyst rhag ofn, ddim eisiau temtio ffawd. Ond yn lwcus iddi hi, roedd Sky wedi trefnu awyren iddi fod yna ar ddiwedd y ras yn erbyn y cloc fel syrpréis i Geraint,"

Yn y ras yn erbyn y cloc bydd pob seiclwr yn cychwyn yn ôl trefn eu safle yn y dosbarthiad cyffredinol. Felly, fel yr arweinydd, Geraint oedd yn cychwyn yn olaf, oedd yn fantais gan y byddai'n gwybod faint oedd angen iddo'i wthio'i hun.

"Roedd Geraint yn amlwg yn mynd amdani ar ddechrau'r cymal yn erbyn y cloc," meddai Peredur ap Gwynedd, oedd hefyd yn Espelette yn sylwebu ar gyfer S4C. "Roedd e wedi paratoi trwy ymarfer ar y cwrs, ac mae e mor gryf yn y ddisgyblaeth yma."

Bu bron i Geraint â cholli rheolaeth ar ei olwyn gefn wrth iddo lithro mewn pwll bach ar un cornel ac ar ôl hynny fe arafodd ychydig a phwyllo. Gorffen yn unig oedd angen, a gyda dwy funud o fantais ar Dumoulin roedd mewn sefyllfa gref.

"Ro'n i'n gobeithio y bydde fe'n arafu ac yn pwyllo i fedru gorffen yn ddiogel. A rhaid imi gyfadde, roedd dagrau yn fy llygaid," cyfaddefodd Peredur. "Pwy feddylie fod Cymro ar fin ennill y Tour de France? Anhygoel! A Geraint fu wyneb ein rhaglenni seiclo ar S4C o'r cychwyn yn 2014, ac mae wedi bod mor gefnogol i ni ac mor barod i roi ei amser. Fe ddwedais i ar ddiwedd y cymal, 'Ni wedi ennill fel cenedl'."

Ar y diwedd Tom Dumoulin enillodd y cymal, gyda Chris Froome yn ail agos a Geraint yn drydydd. Pylu wnaeth her Primož Roglič, un arall cryf yn erbyn y cloc, ac roedd yn amlwg ei fod wedi talu'n ddrud am ei holl ymdrechion y diwrnod cynt ar y Tourmalet.

A dyna fyddai trefn y dosbarthiad cyffredinol ar ddiwedd y Tour de France 2018 – Geraint Thomas, y Cymro, yn gyntaf, Tom Dumoulin o'r Iseldiroedd yn ail a Chris Froome, a anwyd yn Kenya i rieni o Loegr, yn drydydd. Cymraes o Bort Talbot yw Michelle, gwraig Chris, ac roedd ei nain hefyd yn hanu o Gymru. Ond ei gyfeillgarwch personol gyda'r Cymro o Gaerdydd oedd un o ffactorau llwyddiant Geraint Thomas. Roedd y dathlu yn ferw gwyllt ar y llinell derfyn gydag emosiynau pawb, a oedd wedi eu rheoli mor gaeth am wythnosau, nawr yn byrlymu drosodd.

"Am y tro cyntaf erioed roedd Owen Hughes, y gŵr camera, a finne wedi cael mynd gefn llwyfan i wylio'r ras gyda Sara," cofia Llinos Lee. "Roedd Sara'n falch ein bod ni yna! Dim ond ni, allan o'r criwiau i gyd (gan gynnwys ITV), oedd wedi cael caniatâd arbennig, roedden ni'n teimlo'n lwcus iawn. Dyma'r lluniau a gafodd eu darlledu ar S4C wrth i'r dathlu gychwyn."

"Fe drefnodd tîm Sky i jet breifat hedfan Sara o Gaerdydd i Espelette heb i Geraint wybod. Ga'th e syrpréis anferth pan welodd e hi ar ôl seiclo dros y llinell derfyn fel enillydd y Tour! Roedd Sara yn lwcus bod hyn wedi digwydd achos roedd hi wedi gadael hi'n rhy hwyr i fwcio awyren i Baris gan nad oedd hi ddim eisiau temtio ffawd. Erbyn hynny roedd pob awyren yn llawn. Wrth i ni fynd ar y trac i gael lluniau o Geraint yn gweld Sara, aeth y lle'n wallgo. Pob person camera yn trio gwthio i'r blaen ond diolch byth bod Owen yn ddyn tal! Roedden ni'n cael dilyn Geraint i gefn llwyfan. Roedd pawb yn crio, gan gynnwys Owen a fi.

"Ges i gwtsh mawr gan Syr Dave hefyd, sydd yn Gymro Cymraeg wrth gwrs, ac roedd e'n llawn emosiwn. Roeddwn i'n teimlo'n freintiedig iawn i gael bod yna fel Cymry a gweld Brailsford yn ei longyfarch am y tro cyntaf a Froome yn dod draw i ysgwyd ei law. Roedd Geraint yn emosiynol iawn, roedd e'n methu credu'r peth," meddai Llinos.

Yna cafwyd penderfyniad pwysig a fyddai'n diffinio Cymru yn glir fel gwlad annibynnol, a hynny ar lwyfan byd-eang.

"Bob blwyddyn ar y Tour dwi wedi bod yn mynd â'r Ddraig Goch gyda fi mas i Ffrainc pan dwi'n sylwebu ar leoliad y cymalau cyntaf ac olaf," meddai Peredur ap Gwynedd. "Ac roedd un gen i eto yn 2018, a dweud y gwir fe wnes i fynd â dwy gyda fi y tro yma. Fel arfer ro'n i'n ei hongian y tu allan i'n tryc i bawb gael gweld mai ni oedd y Cymry. Mae gweld y faner yn help i ddod o hyd i'r cerbyd gan fod cynifer yno o bob cornel o'r byd, ond eleni roedd mwy fyth o arwyddocâd i ddangos y faner. Ar ddiwedd y cymal ro'n i wrthi yn helpu i gario camera 'nôl am y cerbyd pan redodd Dave Brailsford draw ata i a jyst gofyn, 'Ga i fynd â'r fflag plis? Dwi am ei rhoi i Geraint rŵan.' Mi wnes i gytuno yn syth wrth gwrs! Tynnodd hi i lawr a bant ag e.

"Tro nesaf i fi weld y fflag oedd yn y golygfeydd anhygoel yna ar ddiwedd y cymal yn erbyn y cloc pan oedd Brailsford a Geraint yn gafael yn y Ddraig Goch. Fe wnaeth Brailsford hynna'n fwriadol – roedd yn golygu llawer iddo fe a Geraint. Ac wrth gwrs roedd y

lluniau yna'n cael eu dangos o amgylch y byd yn fyw.
Ein Draig Goch fach ni! Roedd hi'n ddiwrnod hynod
emosiynol i fi yn Espelette."

Cymal 21

29 Gorffennaf
Houilles i Baris (Champs-Élysées)
116km

Dyma gyfle i bawb fwynhau ac ymlacio, o'r diwedd, er bod y gwibwyr yn mynd amdani ar y cymal eiconig olaf trwy strydoedd Paris. Oherwydd y traddodiad, does neb yn herio'r crys melyn ar y cymal olaf, felly dim ond gorffen y cymal o fewn yr amser sydd angen ei wneud.

Alexander Kristoff sydd yn ennill y cymal gyda John Degenkolb yn ail agos. Ar y terfyn mae Geraint gyda mantais o 1 funud 29 eiliad dros Tom Dumoulin, a Chris Froome yn drydydd, 2.24 munud y tu ôl i'r Cymro. Tom Dumoulin (Sunweb) a Chris Froome (Tîm Sky) oedd ar y podiwm terfynol. Meddai enillydd Tour de France 2018:

"Mae'n anghredadwy ac mi gymerith dipyn o amser i hyn suddo i fewn. Fel arfer mae'r cymal olaf trwy Baris yn un anodd, ond heddiw ro'n i fel petawn i'n hedfan o amgylch y cwrs. Ac mae 'mreuddwyd i wedi cael ei gwireddu i seiclo o amgylch yn y crys melyn. Ac wrth gwrs y tîm, am dair wythnos rydyn ni wedi aros gyda'n gilydd trwy adegau anodd iawn, ond fe wnaethon ni aros yn unedig a chryf."

Enillodd Peter Sagan (tîm Bora-Hansgrohe) ei bumed crys gwyrdd o'r bron am gipio'r nifer uchaf o bwyntiau dros y tair wythnos. Julian Alaphilippe (Quick-Step Floors) oedd brenin y mynyddoedd, Movistar oedd y tîm buddugol ac fe gafodd y Gwyddel Dan Martin (UAE Team Emirates) y wobr am y seiclwr mwyaf ymosodol. Meddai Rhodri Gomer oedd yn cyflwyno'r rhaglen *Seiclo* yn fyw ar y pnawn Sul:

"Roedd môr o goch i'w weld ar strydoedd Paris. Hon yw'n pumed flwyddyn o ddarlledu'r Tour ac rydyn ni wedi dod i adnabod criwiau eraill o'r wasg o bob cornel o'r byd. Y diwrnod yna roedden nhw i gyd yn dod lan aton ni i'n llongyfarch. Roedd yn dipyn o her i'r cyfarwyddwr i gadw Peredur a finnau yn dawel y diwrnod yna, ac i ganolbwyntio ar ein gwaith.

"Yna, i weld Geraint yn mynd ar y podiwm, yn camu gyda'r faner ar ei ysgwyddau, roedd yn amlwg ei fod am wneud datganiad o ran pwy oedd e, a hynny o flaen cynulleidfa o filiynau o bobol ar draws y byd. Yna'r araith, a'r faner yn cael ei chodi ganddo a gollwng y meicroffôn."

Golygfa arall gofiadwy o'r Tour yn 2018 a'r Ddraig Goch, yn sgil penderfyniad Geraint i'w dangos nhw yw hon, fel y cofia Llinos Lee:

"Roedd gen i baced o Welsh Cakes gyda fi, ac fe roddais i nhw i Geraint ar ddiwedd y cymal yn erbyn y cloc. Tynnodd Geraint lun ohono'i hunan gyda'r cacennau ac roedd hwnnw'n un o'r lluniau ledaenodd o amgylch y byd o fewn ychydig oriau," meddai Llinos. "Mae nifer o atgofion bach gen i am y pnawn. Yn ystod y seremoni ym Mharis roedd tad Sara, Eifion, a'i brawd Rhys yn y gynulleidfa yn canu 'Mae Hen Wlad Fy Nhadau' mor uchel, fe gafodd criw ASO air bach gyda nhw am neud gymaint o sŵn! A syniad Sara oedd y 'mic drop' ar ôl ei *speech*! Yna, fe ganodd criw o Gymry 'Titw Tomos Las' i Geraint pan ddychwelodd i fws tîm Sky ym Mharis.

"Pan aeth Geraint ar y podiwm roedd tipyn o drafod wedi bod am yr anthem, pa un fyddai'n cael ei chwarae. Ond gan fod Geraint wedi cofrestru dan enw Prydain, fel yn y Gemau Olympaidd, dan faner Prydain y mae e'n cystadlu. Ond fe benderfynodd e sefyll yno gyda'r Ddraig Goch dros ei ysgwyddau, gyda'r haul yn machlud y tu ôl iddo ar y Champs-Élysées. Golygfa wych, a'n baner ni oedd ganddo fe! A phobol dros y byd i gyd yn gwylio!" meddai Peredur ap Gwynedd.

"Gan ein bod yn cyflwyno rhaglenni roedd tocyn mynediad gyda ni ar gyfer bod ar y Champs-Élysées ac roedd cerdded i lawr y stryd enwog honno ar y diwrnod roedd Cymro wedi ennill y Tour yn brofiad anhygoel. Dwi erioed wedi bod mor browd! O'n i wir yn meddwl na fydde hyn fyth yn digwydd, ac roedd yr emosiynau yn byrlymu drosto. Fe wnes i lwyddo i gadw popeth dan reolaeth tan y frawddeg olaf, a thagu ar y gair olaf un. Mae Draig Goch ar ei ysgwydd ond mae'r ddraig hefyd ar ei galon. Dyna o'n i am ddweud, ond methais ar y gair 'calon'. Prin iawn mewn bywyd mae rhywun yn cael teimlad fel yna. Dwi'n cyfri fy hun mor lwcus i gael bod yna a fyddet ti byth yn gallu talu am y teimlad.

"Roedden ni'n darlledu yn fyw ar ddiwedd y ras, yn llenwi amser cyn bod y seremoni wobrwyo yn dechrau. Doedd neb ond gwahoddedigion yn cael bod ar hewl y Champs-Élysées ei hun. Ond yna fe welais i ddyn yn croesi'r hewl tuag aton ni, a pwy oedd e ond tad yng nghyfraith Geraint, Elwyn. Ac fe wnaeth e gyfweliad byw yn y fan a'r lle. Roedd yn un o'r digwyddiadau byw yna pan roedd popeth yn digwydd, dim sgript, ond digonedd o bethe i'w trafod. Bydden ni wedi medru llenwi amser am oriau!"

"Fel hogyn o Ddeiniolen mae'n foment mor falch i weld hogyn o Gaerdydd yn ennill y Tour de France," meddai Syr Dave Brailsford.

Doedd Christian Prudhomme, trefnydd y ras, ddim yn synnu o weld llwyddiant y Cymro:

"Mae Geraint Thomas yn un o'r garfan yna o seiclwyr yn Ffrainc rydyn ni'n eu galw yn 'beiriannau mawr'. Mae llawer wedi anghofio bod yna hanes o hanner cant i chwe deg mlynedd o bencampwyr fel Jacques Anquetil a Roger Rivière, a dorrodd record y byd yn 1957 ac 1958 a dod yn bedwerydd yn y Tour de France yn 1959 cyn i'w yrfa ddod i ben yn gynnar yn sgil damwain fawr. Roedden nhw hefyd wedi cychwyn ar y trac cyn symud i rasio ar y ffordd, ac wedi llwyddo.

"Ond buddugoliaeth Geraint yn ras Paris–Nice yn 2017 wnaeth imi gredu y gallai ennill y Tour. Nid ar chwarae bach mae unrhyw un yn ennill y ras wythnos yna. Yn yr un flwyddyn fe enillodd y cymal yn erbyn y cloc yn Düsseldorf. Ac mi wnes i sylwi ar ei wyneb y diwrnod hwnnw, ac mi wnaeth ei hapusrwydd greu argraff fawr arna i ac roedd yn amlwg yn falch o gael rhannu hynna. Roedd hapusrwydd anghyffredin ar ei wyneb ac mae'n gymeriad agored, hoffus a phoblogaidd yma yn Ffrainc."

Mae un stori ddadlennol arall am y diwrnod olaf. Meddai Luke Rowe, ei gyd-Gymro yn nhîm Sky, a'u capten ar y daith:

"Diwrnod Geraint oedd hwn. Ond fe wnaeth gais dros y radio imi seiclo 'nôl ato fe i ni gael tynnu llun gyda'n gilydd a'r Ddraig Goch. *Class act.*"

Ôl-nodyn

Fis Hydref 2018 fe gyhoeddwyd fod y tlws a gafodd Geraint Thomas am ennill y ras wedi ei ddwyn. Meddai Wyn Gruffydd:

"Tlws serameg a gomisiynwyd yn 1971 gan Valéry Giscard d'Estaing, arlywydd Ffrainc, yw'r Coupe Omnisports ac fe'i cyflwynir i enillydd y Tour de France bob blwyddyn. Fe gymerodd hi saith awr i sicrhau bod y tlws yn sgleinio fel swllt cyn ei drosglwyddo i Geraint Thomas ar y Champs-Élysées. Fe dreuliodd y crochenydd serameg dair blynedd dan hyfforddiant i ennill yr hawl i bolisio'r Coupe. I feddwl bod tîm Sky yn rhoi cymaint o bwys ar enillion 'pitw' (marginal gains), mae'n anodd credu sut roedden nhw mor ddi-hid i adael y Coupe Omnisports lithro rhwng eu bysedd yn dilyn arddangosfa o dlysau Grand Tour tîm Sky yn yr NEC yn Birmingham fis Hydref!"

Hefyd o'r Lolfa:

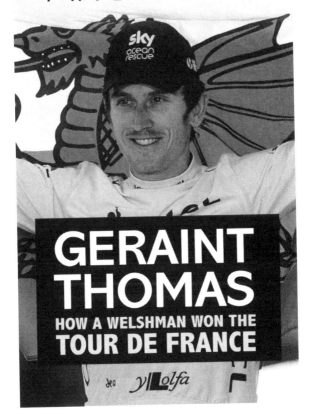

PHIL STEAD

GERAINT
THOMAS
HOW A WELSHMAN WON THE
TOUR DE FRANCE

y Lolfa

£9.99

Stori
Sydyn

£1
yn unig

Phil Stead
AR Y FEIC

y Lolfa

Hefyd o'r Lolfa:

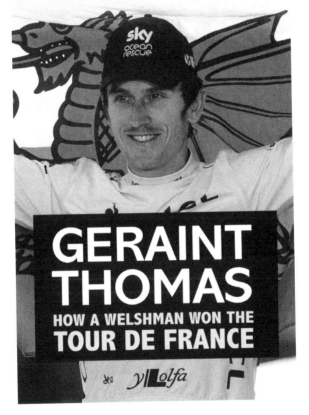

£9.99

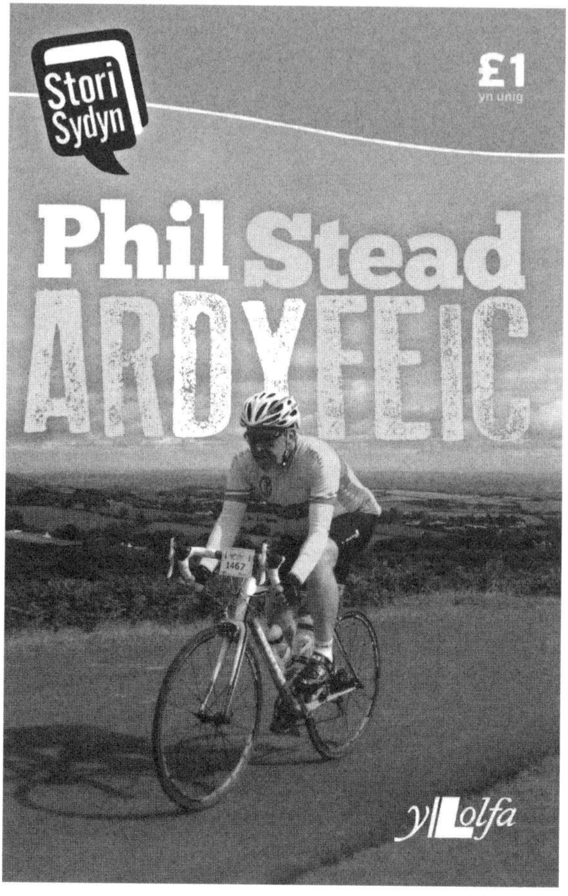
Stori Sydyn
£1
yn unig
Phil Stead
ARDYFEIC
y Lolfa

Am restr gyflawn o lyfrau'r Lolfa, mynnwch
gopi am ddim o'n catalog
neu hwyliwch i mewn i'n gwefan

www.ylolfa.com

lle gallwch archebu llyfrau ar-lein.

TALYBONT CEREDIGION CYMRU SY24 5HE
ebost ylolfa@ylolfa.com
gwefan www.ylolfa.com
ffôn 01970 832 304
ffacs 832 782

Argraffwyd gan Y Lolfa
Holwch am bris